Шимон Гарбер

Гомо Сапиенс

Сборник авторских эссе

Суеверие; Вера; Религия; Политика

2019 год

"Гомо сапиенс"

Шимон Гарбер

Гомо Сапиенс

Сборник авторских эссе

Суеверие; Вера; Религия; Политика

Вероятно, вопросы мироздания, религии и своего места в этой жизни появляются в голове любого размышляющего человека. Всеобщая декларация прав человека утверждает: "…Все люди рождаются свободными и равными…"

Редактор русского текста: Анна Пелан
Корректор русского текста: Э.РА Издательство
Компьютер дизайн: В. Белинкер
Издатель: Newcomers Authors Publishing Group
ISBN: 978-1950-430079

© 2019 Шимон Гарбер

Шимон Гарбер

URL https://www.amazon.com/author/shimongarber
Bibliography of Shimon Garber
Fiction works by Shimon Garber:

Immigrants vol I   Capital of Immigrants; English;
HC 978-1732261150
Immigrants vol I Capital of Immigrants; Russian;
PC; 978-1732261167
Immigrants vol ICapital of Immigrants; English;
eBook 978-1732823259
Иммигранты том 1 Столица иммигрантов; Русский;
eBook978-1950430017

Immigrants vol II   New Americans; Russian;
PC   978-1732261174
Иммигранты том 2; Новые Американцы; Русский;
eBook   978- 1950430000
Immigrants vol III   People and Destinies; Russian; PC
978-1732261181
Иммигранты том 3; Люди и Судьбы; Русский; eBook
978-1950430024

Short stories:
Adam Travels vol I 30 Years After; English;
HC978-1732823211
Adam Travels vol I 30 Years After; Russian;
PC978-1732261198
Adam Travels vol I 30 Years After; English;
eBook 978-1732823266
Путешествия Адама 1 30 лет спустя; Русский;
eBook978-1950430031

"Гомо сапиенс"

Adam Travels vol II from Nice to Chicago; Russian;
PC 978-1732823204
Путешествия Адама 2 от Ниццы до Чикаго; Русский;
eBook 978-1950430048
Adam Travels vol III from Italy to Germany; Russian;
PC978-1732823235
Путешествия Адама том 3; От Италии до Германии;
Русский; eBook978-1950430055

Land of the Covenant; Born to be Migrants; English
HC978-1732261105
Land of the Covenant; Born to be Migrants; English
PC978-1732823242
Land of the Covenant; Born to be Migrants; English
eBook 978-1732261112

Земля Обетованная; Рождены быть Мигрантами;
Русский; PC978-1732823280
Земля Обетованная; Рождены быть Мигрантами;
Русский eBook978-1732823273

From Chef; Culinary Stories; English;
HC978-1732261136
From Chef; Culinary Stories; English;
eBook 978-1732261143
From Chef; Culinary Stories; English;
PC978-1732823228
От Шеф-Повара; Кулинарные Истории; Русский;
PC978-1732261129
От Шеф-Повара; Кулинарные Истории; Русский;
eBook 978-1732823297

* HC – Hard Cover
* PC – Paper Cover

Шимон Гарбер

Аннотация

Вероятно, вопросы мироздания, религии и своего места в этой жизни появляются в голове любого размышляющего человека. Всеобщая декларация прав человека утверждает: "…Все люди рождаются свободными и равными…"

Отцы-основатели предусмотрели почти все. Но даже они не могли предвидеть, что общество так изменится. Что могут прийти к власти стандартным выборным путём, иначе мыслящие люди, становящиеся большинством, стремящиеся всё отобрать и поделить. Что демократы станут социалистами, причём самого левого толка. Ради легального захвата власти они готовы пойти на разрушение принятых столетия назад конституционных законов - понизить возрастной ценз до 16 лет, дать нелегальным иммигрантам право голоса. А также заключённым в тюрьмах.

"Гомо сапиенс"

Религия коммунизма снова отрастила свои головы и ничему не научившееся человечество снова рвётся к революционному переделу общества.

Насколько справедливо утверждение, что все люди рождаются равными и свободными?

Мне всегда казалось это утверждение несколько наивным и патетическим. С позиции права, возможно, это и так, но одни рождаются здоровыми и богатыми, а другие бедными и больными. Эти неравенства можно перечислять без конца. Умные и не очень. Удачливые и совсем наоборот. Родившиеся в хорошей, свободной, с хорошим климатом стране или же в жуткой дыре, в стране третьего мира, где нет свободы и еды. В хорошей семье, где родившийся ребенок любим и обласкан, или в несчастной семье, где он обуза. Продолжить этот ряд может каждый для себя.

Социальное неравенство встречает нас со дня рождения и сопровождает в течение всего жизненного пути. Помимо социального неравенства, существуют расовые, национальные, гендерные, физические, интеллектуальные различия. На жизнь человека влияет наличие особых дарований, внешние данные, место рождения и многие другие обстоятельства, порождающий неравенства - как естественные, так и порожденные социальными факторами.

Одни получают право на жизнь, зарабатывая своим трудом, другие получают дивиденды от доставшихся по наследству ценностей или от ценностей, созданных в результате собственных усилий.

Все эти социальные неравенства привели общество к расслоению. Тех, которые оказались менее удачливыми в социальной иерархии, обычно относят к меньшинствам, хотя эти меньшинства давно стали большинством во многих современных государствах. Их голоса становятся все громче и требовательней.

В современных демократических государствах с реальной выборной системой бывшие меньшинства все больше получают мест в управлении государства. Их голоса все слышней. Столь знакомое требование отнять, поделить, все бесплатно и сегодня. Демократия на их стороне, так же как и демография. Они пришли, и это сегодняшняя реальность.

"Гомо сапиенс"

Нельзя отыграть назад и объявить всё произошедшее ошибкой. Свободы, за которые меньшинства боролись столько лет, - сегодняшняя реальность. Они теперь большинство, и за ними будущее нашей планеты. Хорошо это или плохо, решать нашим потомкам. Им проходить этот неизведанный путь. Смогут ли они отстоять наши ценности или изобретут другие, нам не дано предвидеть. Уходя, мы пожелаем им удачи и помолимся, даже неверующие.

Что ждет наш социум завтра? Гражданская война, хаос или что-то еще худшее?

Шимон Гарбер

Кто мы

С момента осознания себя как личности человек не мог не задавать себе вопросов... «Кто я? Кто меня создал? Кто создал весь этот мир, такой пугающий и враждебный?»

Тора и Библия (Тора - это часть Библии), собрание священных религиозных текстов в иудаизме и христианстве, объясняющие происхождение мира и самого человечества, довольно стройно описали историю возникновения всего сущего на этой земле:

«... Земля же была пуста и нестройна, и Дух Божий носился над водою».

Создателю явно стало скучно, и Он решил создать (прошу прощения за тавтологию) что-то нечто грандиозное. Благо, средства неорганичные. В последующие шесть дней Создатель трудился, не покладая рук, и естественно появилось всё. Перечислять смысла нет, поскольку «всё» -, слово довольно ёмкое, и всё, чем славна планета Земля, было создано. На шестой день творения Создатель сотворил по своему образу и подобию человека, а из его ребра еще и женщину. Ну не одному же ему, новому хозяину мира, владеть всем.

В седьмой день Создатель отдыхал.

Молодожёны были размещены в районе Месопотамии, где между реками Тигр и Ефрат в то время располагался Райский Сад. Нарушив прямое указание Создателя о недопустимости срывания яблока с дерева Познания, которое растёт в середине Райского Сада, женщина (а кто же еще) вместе со своим мужем, была изгнана навсегда из Райского Сада. Так началась история страданий и мук всего рода человеческого.

Многие лета всё было понятно и просто, но пытливые умы в течение тысячелетий искали ответы на столь волнующие вопросы: ... «Как и когда появилась вселенная? Откуда появился первый человек и как он смог распространиться по всей земле? Где находилась колыбель человеческой расы, и когда это произошло?»

В разные эпохи высказывались различные

теории. Если в стародавние непросвещенные века за подобные высказывания было довольно просто отправиться для очищения на костер, то теперь, в XX-XXI веках, наука, история, литература, искусство, опираясь на исследования учёных, археологов, генетиков, палеонтологов, обрушили на не совсем подготовленные к подобным открытиям головы такую лавину информации, что всё, что человечество знало и лелеяло за всю свою историю, рухнуло в тартарары.

Как говаривал известный поэт, «оковы рухнут, и свобода вас встретит радостно у входа»…

Свобода от чего? От того, во что верили тысячелетия? От религии, которая стала ближе и дороже, чем сто лет назад? От истории, астрономии, физики, математики, наконец? Оказалось, что все относительно, приблизительно и вообще темно, и неизвестно что будет дальше. А кто были наши предки? Тьфу, даже думать не хочется. А что делать со знаниями, искусством, литературой, музыкой, живописью, скульптурой, философией? Тысячелетия лучшие умы и таланты создавали шедевры, насмерть сражались на диспутах. В темных кельях при свечных огарках писали картины мироздания и записывали глубочайшие откровения человеческой мысли.

Краеугольные камни человеческого бытия: истина, вера, надежда, стремление к добродетели и убежденность в справедливости высшей силы, дарующей и наказующей. В легитимности мирового порядка и легитимности власти, распоряжающейся всей жизнью человека. Что истинно, а что иллюзорно? В чем смысл бытия, и каков его конец?

Современное толкование процессов мироздания разнесли по всему мировому пространству массмедиа в виде ученых трактатов, научно-популярной литературы, а главное, используя современное творение человечества, социальные сети. Последние, при помощи полухудожественных и научно-анимационных кино-средств создали поистине эпические картины создания вселенной, а также истории происхождение человеческой расы с дальнейшим развитием первых и последующих цивилизаций на планете Земля.

Теперь, когда мы вооружены такими

познаниями - кто были наши предки и как они выжили в тех жутковатых условиях и даже размножились настолько, что заселили весь земной шар, - жизнь стала веселей и содержательней? Вот уж вряд ли. Прагматизм никогда не мог быть веселее сказки, таинственности и ожидания чуда, веры в могущество судьбы и надежды на награду за послушание, добродетель и справедливость.

Обратимся к словам другого Поэта...

«Есть грозный суд: он ждет;
Он не доступен звону злата,
И мысли и дела он знает наперед»...

Сама вера в возмездие и справедливость помогала пережить самые болезненные и горькие удары судьбы.

"Гомо сапиенс"

Шимон Гарбер

Как все начиналось

Оказалось, что наша Земля совсем уже старушка. Четыре с половиной миллиарда лет назад произошел Большой Взрыв. Англичане называют это — Big Bang. Теория Большого взрыва — теория о том, как образовалась наша вселенная и планета Земля, в частности. Космологи и астрономы пришли к логическому заключению. Поскольку вселенная продолжает расширяться со скоростью 735 километров в секунду, то естественно когда-то это был небольшой сгусток материи с бесконечной плотностью и температурой. Около 13,8 миллиарда лет назад этот сгусток начал расширяться, и Большой Взрыв породил всю нашу вселенную. Эта теория объясняет многое, и пока никто не доказал обратного, ученые основывают законы физики и создание вселенной на теории Большого Взрыва.

Планета Земля появилась 4,5 миллиарда

лет назад из космической пыли и газа. Возможно, она больше напоминала Солнце, или планету Сатурн с пылевыми кольцами нежели планету Земля. Не имеющая атмосферы Земля подвергалась бомбардировке космическими объектами. Одно из таких столкновений привело к наклону земной оси и образованию Луны.

За миллиарды лет земля остыла и приобрела твёрдую кору. Есть разные теории, откуда на земле появилась вода. Вода позволила Земле сконденсировать облака, создать защитную атмосферу и сделать ее пригодной для живых организмов. Около 580 миллионов лет назад возникла многоклеточная жизнь. Организмы развивались, принимали новые формы или вымирали. Ледниковые периоды, меняющееся климатические условия, тектонические сдвиги плит, вулканическая деятельность, столкновения с астероидами изменяли облик планеты и заставляли живые организмы приспосабливаться к меняющимся условиям существования.

Известный Юрский период начался около 200 миллионов лет назад и продолжался 56 миллионов лет. Полноправными властелинами земли являлись динозавры, и никаких признаков существования гуманоидов в тот период не обнаружено.

В конце мелового периода, 65 миллионов лет назад Земля столкнулась с огромным метеоритом. Последствия были катастрофическими. Динозавры и рептилии вымерли, освободив дорогу млекопитающим.

"Гомо сапиенс"

Шимон Гарбер

ГОМО САПИЕНС

Климат в Африке около 3 миллионов лет назад был гораздо более влажным. Климатические и экологические условия благоприятствовали растительному и животному многообразию. Высокие деревья позволяли приматам вести привольную жизнь в кронах и, не спускаясь на землю, питаться листьями и ягодами, не опасаясь хищников. Климат менялся, становясь всё более засушливым. Деревья стали более низкими и редкими. Земля зарастала травой. В поисках еды приматам пришлось спускаться на землю и преодолевать всё большие расстояния в поисках еды.

Встав на задние лапы, приматы выпрямлялись, глядя вперед, обозревая горизонт и высматривая врага, при виде которого можно было быстро спрятаться или вскарабкаться на ближайшее дерево. Они учились отыскивать съедобные ягоды и фрукты, а также поедать остатки мяса, брошенные хищниками. Они также любили полакомиться мясом других видов приматов и небольших животных, которых можно поймать. Эти новые условия существования, привели к изменениям всего организма. Питание мясом способствовало увеличению мозга. Совместная охота на небольших животных потребовала координации и обмена звуками и жестами. Пришло время взять в руки палку или камень, научиться обдумывать и координировать с другими свои действия. Примат становился гуманоидом.

То, что наш вид хомо сапиенс произошёл от человекообразной обезьяны, уже никаких сомнений ни у кого не вызывает. Различные группы шли по собственному пути эволюции, и около 4,5 миллиона лет назад предки человека обособились от других человекообразных обезьян. Поздравляю всех расистов и прочих ревнителей чистоты расы. Мы все произошли от обезьяны. И мы все родом из Африки.

Чарлз Р. Дарвин (1809-1882), английский натуралист и путешественник, одним из первых обосновавший идею о том, что все виды живых организмов эволюционируют со временем и происходят от общих предков.

Автор книги «Происхождение видов» не просто произвел переворот в области естественной истории, но, по сути, опроверг веру в божественное происхождение человека и - как следствие - веру в саму религию как таковую.

Теория Чарльза Дарвина вызвала бурю негодования. Его считали предшественником Антихриста, но были и такие, которые сравнивали с Аристотелем и Ньютоном. И до Дарвина были ученые, чьи работы противоречили религиозным постулатам.

Коперник (1473-15430) описал модель мира, поместив Солнце в центр, а Землю на ее орбиту в своей работе «о вращении небесных сфер».

Галилео Галилей (1564-1642), изобретатель телескопа, был обвинен церковью в ереси и помещен под домашний арест до конца жизни.

Джордано Бруно (1548-1600) был осужден как еретик и приговорен к смертной казни через сожжение.

"Гомо сапиенс"

Исаак Ньютон (1643-1727), физик, математик, астроном, историк и алхимик, автор труда «Математические начала натуральной философии», изложил закон всемирного тяготения.

Все эти ученые и мыслители, сталкиваясь с законами мироздания и развития окружающего мира, осознавали противоречия, заложенные законами религии, а их собственные теории и догадки, противоречили предписываемым правилам.

Шимон Гарбер

Наши Предки

Колыбелью человечества признана Африка. Ископаемые останки человека возрастом 2.5 миллиона лет, названого австралопитеком, были обнаружены в ЮАР. Люси, (так назван скелет женской особи) относится к вымершему виду, и от него прямо или косвенно произошёл род Гомо Сапиенс. Это самый ранний вид человекообразного существа, известного в то время. Позже был найден скелет австралопитека возрастом 3,2 миллиона лет. Австралопитеки были небольшого роста, 1-1,5 метра, с объемом мозга в 380-430 куб. см. Последний скелет гуманоида, найденный в Западной Африке, датируется 7-ю миллионами лет назад. Ходил на двух ногах, но речью, скорее всего, не обладал. Первые гуманоиды вели древесный образ жизни и спускались на землю для сбора растительной пищи. Вероятно, жили семьями или, скорее, кланами.

"Гомо сапиенс"

Следующую ступень в развитии человекообразных занимает Человек Умелый. Homo Habilis — возраст около 2,5 миллиона лет назад. Прямоходящий и, возможно, изготовлявший каменные орудия труда.

Следующим принято считать Человека Прямоходящего, Homo Erectus, или питекантроп. Вымерший тип человека около полумиллиона лет назад. Невысокий рост, покатый лоб, объем мозга - 900-1200 куб. см. Занимал промежуточное положение между австралопитеком и неандертальским человеком. Возможно, пользовался огнём.

Считается что Homo Erectus первым мигрировал из Африки и около 2 миллионов лет назад и заселил Евразию.

Неандерталец (Homo neanderthalensis) жил 230-30 тысяч лет назад. Объем мозга соответствовал современному и даже немного превосходил. На стоянках неандертальцев найдены следы определенной культуры. Ритуальные предметы, наскальные рисунки и пр.

Ученые считают, что неандертальцы — тупиковая ветвь эволюции.

Кроманьонец (Homo sapiens, sapiens),

Шимон Гарбер

Человек разумный, появился около 130 тысяч лет назад. Он внешне мало чем отличался от современного человека. Найденные многочисленные артефакты позволяют судить о высоком развитии культуры. Наскальная живопись, миниатюрная скульптура, украшения и многое другое. Человек разумный заселил всю землю 10-15 тысяч лет назад.

Прибывшие в Европу Гомо Сапиенс обнаружили живших там последние 50-60 тысяч лет Неандертальцев. Последние постепенно исчезли с лица земли. Существуют различные мнения, почему Гомо Сапиенс выжили, а Неандертальцы исчезли. Вероятно, первые были более приспособлены к условиям выживания. Они были вооружены более легкими, чем у Неандертальцев, копьями и могли их метать на более далекие расстояния. Существует мнение, что Гомо Сапиенс попросту убили и съели соперников, как это было принято у каннибалов. Устроить трапезу и в праздничных ритуалах отметить победу над врагом, поедая его плоть и мозг, - означало испытать чувство превосходства и получить часть его силы. Такая трапеза означала полное торжество данной семьи и способствовала более тесному объединению.

"Гомо сапиенс"

Меняющийся климат Африки заставил общества охотников и собирателей искать новые места обитания.

Миграция человека началась около 2 миллионов лет назад. За экспансией Homo Erectus последовала миграция Homo sapiens. Они появились на Ближнем Востоке около 70 тысяч лет назад. Здесь потоки разделились. Часть отправилась в Малую Азию и оттуда в Европу. Другая часть отправилась на юг и восток и около 50 тысяч лет назад заселила Южную Азию и дальше на восток, Индию и Китай.

Последний ледниковый период земли, застал мигрирующее человечество 12 тысяч лет назад. Граница оледенения проходила на 1500-1700 км южнее современной границы Атлантики и Тихого океана. Уровень океана опустился на 100 метров. Обнажились многочисленные острова.

Сегодня найденные останки представителей Homo sapiens, позволяют считать, что первые люди мигрировали из Африки около 185 тысяч лет назад. Перебравшиеся на Ближний Восток мигранты направилась на юг, в сторону Индии, и оттуда через острова в

Австралию. Поток, отправившийся в Анатолию, оттуда попал в Европу, как Западную, так и Восточную. Какая-то часть пересекала Берингов пролив по ледяному мосту и оказалась в Америке.

Человек разумный заселил практически всю землю. В Европе он столкнулся с Неандертальцами, заселившими Западную и Восточную части Европы, а также Среднюю Азию.

Возможно, и даже вероятно, что эти два вида гоминидов сталкивались между собой, а возможно и соперничали. Как бы там ни было, неандертальцы вымерли, а Homo sapiens получил в наследство 3% генов от неандертальцев. Это могло означать, что какие-то социальные отношения всё-таки были, хотя, возможно, и не добровольные. Я знал человека, который внешне полностью соответствовал образу неандертальца. Небольшого роста, с широченной грудью, абсолютно заросший скорее шерстью, чем волосами. Это был милейший человек, капитан второго ранга, командовавший подводной лодкой. В то далёкое время мы, ещё ничего не зная о неандертальцах, поддразнивали его, сравнивая с Челленджером, персонажем из книги Артура Конан Дойла, «Затерянный Мир».

Современные археологические находки постоянно меняют наше представление о времени миграции человека разумного из Африки.

Собиратели и охотники осваивали новые жизненные пространства, путешествуя через континенты. Подобная жизнь в суровых условиях необжитых и неизвестных мест была не просто тяжела, но и чрезвычайно опасна. Любое заболевание, несчастный случай на охоте, случайная травма, увечье или нападение диких животных могли привести к смерти. Жизнь первобытного человека была короткой. Окружающий мир был враждебен и опасен. Страхи и суеверия подталкивали к поискам защиты и помощи внешних сил. Каждый клан имел подобных защитников, которым поклонялись и приносились жертвы. Предметом поклонения могло быть любое животное, предмет, явление природы или окружающая среда (деревья, горы, водные преграды и т. д.)

Шимон Гарбер

Сегодня мы знаем, что история человечества не просто простирается вглубь веков, уходит в тысячи, а то и миллионы лет назад. Ещё недавно наше славное человечество гордо заявляло о себе как о существах, созданных по образу и подобию Божьему. Первый человек был не просто создан из праха и горсти земли, а еще наделен бессмертной душой. Божественное провидение создало властелина над всем сущим на этой земле. Природой, скотами, населяющими эту землю, водными просторами со всякой плавающей там живностью. Человек — венец Божьего творения и Царь всего.

Осознание своей исключительности наполняло человечество не просто гордостью и восторгом, но и чувством вечной благодарности и неистребимого желания вечного поклонения в песнопениях и молитвах.

Но это всё пришло потом. На заре юности человечество должно было пройти через множество этапов развития. Для начала Царь всего сущего, должен был встать с четверенек и научиться ходить прямо, чтоб срывать плоды, растущие высоко на деревьях. Теперь он мог держать в руке-лапе палку или камень, что сразу выдвинуло его в первые роли в пищевой цепочке. С таким вооружением он мог защищаться и нападать. Оружие не только стократно увеличило возможности добычи пропитания, но и подтолкнуло его развивающийся мозг к размышлениям.

Тотем

Подобно другим обитателям животного мира первобытное общество жило семьями, или, вернее, кланами. Каждое такое сообщество имело свой тотем и подчинялось правилам, доставшимся от предков. Тотемизм еще не был религией. Тотемом мог быть большой камень, дерево, животное или явление природы. Тотем является прародителем клана и верховным божеством, покровительствующий членам данного тотема.

В своей работе «Тотем и Табу» др. Зигмунд Фрейд изложил теорию психоаналитического исследования инфантильной душевной жизни первобытного человека. Судя по предметам, оставшимся после них, наскальному искусству и мифам, передаваемым из поколения в поколение, можно понять, что они жили общинами (стаями), как и весь остальной животный мир. Едва зародившийся разум пока ещё мало чем отличающийся от инстинктов, подталкивал сознание к поискам спасения от всего непонятного, пугающего в силе, способной защитить, а может быть - и способной наказать или простить. Высший судия, неподкупный и всепрощающий. Грозный и наказующий.

Страхи и суеверия перед явлениями природы или хищниками порождали создание множества первобытных языческих тотемов. Тотемы племени, клана, семьи передавались по наследству. Культ тотема порождал многочисленные табу, регулирующие практически все аспекты жизнедеятельности семьи (клана) данного тотема. Табу, по сути, первый кодекс взаимоотношений первобытного общества. Само слово табу имеет несколько значений: священный (святой), запретный (опасный, жуткий, нечистый).

Вера в защитную или наказующую силу тотемов порождала первые языческие верования.

Вождь племени данного тотема являлся верховным жрецом, управлял своей паствой, прибегая к колдовству и магии, исполняя различные ритуалы. Страхи и сомнения порождали различные обряды и заклинания, которые способны отвести наказание за поступки перед тотемом или нарушение табу. Вера в могущество и защиту тотема обязана быть непоколебимой, и любое сомнение наказывалось принесением отступника в жертву тотему.

Легковерные и послушные каннибалы, поедая части тела врага веры, истово служили своему идолу. Можно с большой долей вероятности предположить, что между различными племенами возникали войны, связанные с нарушениями табу или осквернением тотема.

Виновника или виновницу за нарушение табу наказывали смертью. Во время тотемных войн победители убивали всех мужчин и распределяли захваченных женщин среди победителей. Если, разумеется, не существовало табу на экзогамию с женщинами данного тотема.

Тотему приносились жертвы в виде плодов и растений, животных, не относящихся или противостоящих тотему, а также жертвы врагов или тех, кто отказывался признавать верховенство данного тотема.

Вокруг тотема совершались различные обряды и поклонения, сопровождавшиеся ритуальными танцами и песнопениями. Поднесённые жертвования поедались членами данного тотема, участвующими в праздничной трапезе.

Тотем мог находиться либо посередине небольшого поселения, либо где-то неподалеку, на возвышении. Члены данного тотема устраивали шествия с песнопениями и танцами, направляясь к тотему для проведения ежедневных молебнов и празднеств.

Как же были организованы кланы первобытных людей.

Чарльз Дарвин (1874): «ПЕРВИЧНАЯ ОРДА (PRIMAL HORDE). Форма примитивной социальной организации, в которой люди жили в небольшой, более или менее организованной группе, управлявшейся деспотичным, властным и ревнивым предводителем (первичным отцом), присвоившим себе всех женщин и оберегавшим их от посягательств сыновей и остальных молодых мужчин племени. Это, возможно, приводило к мятежу, в результате которого первичный отец был убит и съеден».

В работе «Тотем и табу» Фрейд провел четкую параллель между собственными клиническими наблюдениями, показавшими, что квинтэссенцией всех тотемических религий является ритуал, состоящий в убиении жертвенного животного, его совместном съедании и последующем оплакивании.

Фрейд пришел к выводу, что это первичное убийство, воспоминание о котором, по его мнению, филогенетически передается по сей день, привело к формированию нового типа социальной организации. Чтобы не допустить нового убийства и связанного с ним чувства вины, тотемное животное заменило отца, был запрещен инцест (кровосмешение) и установилась экзогамия (в жены берутся только женщины из другого клана). Таким образом, развитие тотемизма как практическое разрешение Эдиповой проблемы знаменовалось возникновением этических ограничений, религии и социальной организации. Фрейд вполне осознавал гипотетический характер этих построений, однако сходство его клинических наблюдений и результатов исследований Дарвина, Аткинсона и Робертсона-Смита было столь поразительным, что он никогда не сомневался в их принципиальной правильности.

Сохранились ли в сегодняшней действительности обряды и действия, схожие с поведением представителей тотемного общества? Безусловно да. Значительная часть современного религиозного общества проводят молитвы и обращения к своим богам. Прибегая к различным физическим проявлениям в виде танцев, песнопений, преклонений, совершая различные знаки руками, зажигая свечи или палочки, размахивая культовыми предметами и накладывая руки или предметы на склоненные головы ищущих покровительства или прощения.

Шимон Гарбер

Религия

Современное общество сохранило множество суеверий, выражая это определенным образом. Одеваясь в соответствующие формы одежды. Покрывая голову или наоборот обнажая ее. Храня различные амулеты и совершая различные обряды как в повседневной жизни, так и во время посещений культовых церемоний. В быту мы верим в различные знаки и действия, которые должны помогать и охранять наше жилище и очаг от злых сил, могущих разрушить наше благополучие.

Сегодня мы собираемся в наших молельных домах в определенный день недели для совместных молитв. Мы проводим там специальные обряды, связанные с рождением, смертью или с вступлением в брак. Мы свято верим, что без определённого обряда, проведенного служителем культа, может случиться нечто, за что придется платить непомерно высокую цену.

Душевные сомнения, страх перед грядущим наказанием и желание защитить близких, при неисполнении традиционных предписанных ритуалов, безусловно оправдывают религиозные обряды. Даже самый решительный атеист, смириться и пройдет через определенные религиозные церемонии.

С изменениями в построении человеческих сообществ несомненно происходило изменение в тотемизме, первой форме проявления религии в человеческой истории, к обще религиозному очеловечиванию почитаемых существ. Место животных занимают человеческие боги, пока еще несущие животные признаки. Рога, хвост, когти или иные признаки тотемного животного.

Религия занимает место тотемного символа. Строятся специальные общественные места для совместного почитания божества. Религия — это вера во всемогущество данного божества. Вера не терпит никаких сомнений или непослушания. Постулаты веры должны исполняться неукоснительно. Боги политеизма отражают отношения эпохи.

Следующий естественный шаг цивилизованного сообщества - переход от политеизма к монотеизму. Появляется образ Бога-отца. Почитание и поклонение Богу-отцу, сочетаются с генетической памятью поклонения тотемному божеству и совместной поминальной трапезы. Христианский обряд причащения сопровождается символически поеданием плоти и крови своего Бога. С христианским Богом вообще не все понятно. Если Бог-сын невиновен, то зачем приносить себя в жертву? Зачем понадобилось триединое божество? Бог-отец с его иудаистской религией, Христос-сын и Святой дух. Что за «первородный грех» человечества, за который должен был расплачиваться Иисус Христос? Может быть, за то, что Адам и Ева занимались любовью? А может за то, что съели яблоко, посаженное в Райском саду? Но ведь Бог всесилен и всеведущ. Значит, он знал, что так произойдет. Выходит, что это была подстава, за которую человечество расплачивается по сей день.

Подавляющая масса людей ощущает потребность в защитнике. В авторитете, которому можно подражать, восхищаться, подчиняться, любить, верить, надеяться на помощь. Его нужно бояться, но ему можно безусловно верить. Таким могущественным авторитетом обладает Создатель. Подчинение ему в молитвах, песнопениях, совершение различных религиозных обрядов обладает таким глубоким влиянием на психику человека, что способно довести до состояния экстаза и преображения в некое иное существо. Религия по своему влиянию на человека несопоставима ни с каким видом искусства, пропаганды, призывов или агитации. Вера в единого Бога предполагает «могущество мысли». Убежденность в возможности обращения к Создателю со словами молитвы, просьбами и упованиями, приносит уверенность в том, что мы будем услышаны.

Шимон Гарбер

Первые цивилизации

Открытие зерновой культуры, злаковых (пшеница, овёс, ячмень, кукуруза, рис и пр.) привело общество охотников и собирателей к оседлой жизни. Открыв возможность не покрывать большие расстояния в поисках пищи, а просто обрабатывать почву и собирать урожай, который можно сохранить на длительный срок, человек разумный перешёл к оседлому образу жизни и создал первые поселения, что впоследствии привело к созданию первых цивилизаций.

Самой древней цивилизацией принято считать шумерскую (меня поправили, указав на то, что первой цивилизацией была индская, затем – египетская, а уж потом шумерская). Они расселились на плодородных землях южной Месопотамии. Между реками Тигр и Ефрат в конце четвёртого тысячелетия до н. э.

Долину Месопотамии населяли племена семитов-скотоводов. Появившиеся шумеры не являлись семитами. Они приплывали на кораблях и явно были хорошими мореплавателями. Шумеры для своего времени были продвинутым народом, обладая многочисленными знаниями в различных областях. Шумеры создавали первые города-государства (Эриду, Ур, Урук, Киш, Лагаш).

Название Шумеры, стало известным благодаря найденному глиняному клинописному письму: «Царь Шумер и Аккада…».

Сами они называли себя «черноголовыми». Есть много версий, откуда появились шумеры. Одна из версий говорит, что они прибыли из местности, расположенной на юге Индии. Другая версия предполагала прародину шумеров в Персидском заливе. По этой версии, Персидский залив представлял собой плодородное плато, где люди жили много тысячелетий, но очередная катастрофа Земли нарушила сложившееся равновесие, и воды Индийского океана хлынули на плато, превратив его в Персидский залив.

Возможно, так возникла легенда о всемирном потопе.

Первые поселения создавались там, где были русла рек. Ганг в Индии. Хуанхэ и

Янцзы в Китае. Нил в Египте. Тигр и Ефрат в Месопотамии. Понятно, что культивация почвы и выращивание зерновых культур невозможны без постоянного источника орошения земли.

Не так давно на территории Анатолии (современная Турция) обнаружили поселение, датируемое двенадцатью тысячелетиями тому назад. Возможно, обитатели этого поселения жили семьями в строениях, там же хороня своих предков. Отдельно стояло строение с большими украшенными каменными столбами. Это общественное здание с большой вероятностью можно отнести к культовому зданию, где члены поселения собирались для проведения религиозных обрядов.

Шумеры, занимаясь земледелием, создали разветвлённую систему ирригации. Шумерам принадлежат многочисленные открытия и изобретения. Колесо, клинопись, добыча и выплавка меди и других металлов, использование нефти, создание многоступенчатых храмов-зиккуратов для древних религий мира, торговый обмен товарами, шестидесятеричная система счисления, которой мы пользуемся и сегодня. Создание таблицы знаков зодиака и знания в области астрономии. Шумеры первыми создали бронзу, сплав меди с оловом, таким образом дав начало бронзовому веку. Они умели обрабатывать золото, серебро и знали драгоценные камни.

Шумеры умели варить пиво, и вероятно египтяне заимствовали у шумеров эти знания.

Между шумерской и египетской культурой существовали интенсивные контакты. Пантеон богов Египта во многом совпадает с шумерским. Астрономические представления шумеров и египтян в основе тождественны.

Использование ирригации привело к плодородию. Изобилие сельскохозяйственной продукции способствовало росту населения и торговле. Шумеры освоили монументальное строительство. Они строили монументальные храмы-зиккураты из обожженного кирпича, обрабатывали металлы, вели торговлю со странами, отстоящими на тысячи километров, вели хозяйственный учет.

Шумеры построили множество городов. Каждый город являлся независимым государством. Общими оставались религия, язык и культура. Религия отличалась многобожием, что впоследствии заимствовали Аккад, Вавилон, а затем и Ассирия.

Аккадский правитель Саргон завоевал Шумер в 2361 году до н.э. Под его властью вся Месопотамия были объединены под властью одного правителя. Саргон — первый семитский правитель Месопотамии, Южного и Северного Вавилона, царь Шумера и Аккада, создатель первой месопотамской империи.

С 2000 годов до н.э. Аккад постепенно пришел в упадок и его место заняли Вавилон и Ассирия.

"Гомо сапиенс"

Шимон Гарбер

Социальное общество Шумеров

Родоплеменная организация общества изменилась на раннерабовладельческую. Поскольку появились различные ценности (земля, имущество, рабы и пр.), появились и классы, объединяющие людей по положению в обществе и достатку. Родовая знать и служивый люд обладали значительными участками земли и большим количеством рабов, обрабатывающих эти земли. Крупные торговцы, владеющие кораблями и караванами, торговали с различными странами.

Функция верховного жреца и военачальника сосредоточилась в одних руках и перешла в единоличную власть правителя.

Высший слой общества занимали жрецы, служившие в храмах. Они занимались прокладкой оросительных каналов, собирали налоги. Они же выдвигали военачальников в периоды военных столкновений.

Совершенствуется клинописное письмо. Миф о Гильгамеше, в котором впервые упоминается легенда о всемирном потопе, вошел в эпос многочисленных народов.

В 1750-х годах до н.э. появился клинописный текст на аккадском языке на диоритовой стеле. Свод законов Хаммурапи, регулирующий вопросы судопроизводства, отношений и права. Эта крупнейшая реформа правопорядка древней Месопотамии на многие века унифицировала право и отразились во множестве кодексов различных стран, включая библейское законодательство.

Шимон Гарбер

НОВАЯ РЕЛИГИЯ

Одно, казалось, довольно незначительное обстоятельство произошло около 1800 лет до н. э. Это событие изменило ход истории и развитие цивилизации.

На Аравийском полуострове и Ближнем Востоке вели кочевую жизнь различные семитские племена. Арабы тоже относятся к семитам. Более чем вероятно, что некоторые семитские племена осваивали плодородные участки земли и переходили к оседлому образу жизни. Менялся жизненный уклад и соответственно появлялись другие боги. Захоронения усопших соплеменников требовали новых ритуалов, традиций и осознания другого, потустороннего мира. Возможно, так родилась вера в единого Бога.

Вот как описывает это событие Тора – Пятикнижие Моисея, которая у христиан вошла как Ветхий Завет в Библию… И сказал

Бог Авраму: «Уходи из страны твоей...потомству твоему отдам я эту страну» (Ханаан).

И построил он там жертвенник Богу, который явился ему.

Авраму, звездочёту и мечтателю, скотоводу из Шумерского города Ур, голос с небес повелел оставить отчий дом и идти в страну Ханаанскую. Голос поведал, что он и есть Господь Единый и Аврам отныне будет называться Авраамом, при условии послушания и выполнения всех приказов у него будет прямой потомок мужского пола и он станет патриархом народа «...неисчислимого, как морской песок».

Авраам, женатый на красавице Сарре (своей сестре), к большой печали, не имел детей, чем постоянно сокрушался, поскольку некому будет передать скот и нажитое имущество. Веруя в Единого Бога, Авраам послушно отправился в Ханаан и разбил свои шатры, покрытые чёрными овечьими шкурами, близ Мамре (Хеврон). Но мечта о наследнике пока не осуществлялась. Сарра, желая утешить Авраама, по обычаю того времени привела к нему свою служанку, Агарь. Рожденный на колени приемной матери ребенок становился ее ребенком. Родился мальчик, которого назвали Ишмаель. Арабы относят свое происхождение к Ишмаелю, и даже родословная Мухаммада восходит к нему.

Наконец Господь решил выполнить клятву, и Сарра родила мальчика, названного Исааком. Поскольку женщины не могли ужиться вместе, Агари с младенцем пришлось уйти. Исаак, приняв новую религию отца - религию Единого Бога, стал также библейским патриархом. Его младший сын, названный Иаковом и получивший также другое имя, Израиль, стал родоначальником «двенадцати колен» (семей), принявших религию праотцов, монотеизм.

Тора описывает историю Иакова-Израиля, отправившегося за невестой на родину матери своей, он проработал у дяди своего, Лавана,14 лет за двух его дочерей. А всего у Израиля было 12 сыновей, от которых и ведет свой отсчет народ Израиля.

Далее Тора описывает историю народа Израилева, попавшего в Египет и порабощенного на долгие годы. Рабство иудеев в Египте ведёт отсчет различными источниками по-разному. От 425 лет до 210 лет. Естественно, есть и источники, которые утверждают что египетское рабство иудеев просто миф.

Исход евреев из Египта, при помощи посланного пророка Моисея. Чудесное спасение при переходе Красного Моря. Блуждание по пустыне 40 лет и получение 10 заповедей на горе Синайской.

С этого момента начинается отсчет евреев как нации.

Проблема подтверждения произошедших событий, пребывание евреев в рабстве в Египте, исход из Египта, не подтверждается ни одним известным источником, кроме самой Торы.

Согласно одной из гипотез, эпоха Авраама приходится на начало XX века до н.э. Отталкиваясь от библейской хронологии, между постройкой Соломоном Храма и исходом из Египта прошло 480 лет.

Еще одна гипотеза, которой поделился др. Зигмунд Фрейд в своей книге «Человек Моисей», в которой подвергается подробному анализу не только фигура самого Моисея, но и вероятность существования данного персонажа вообще. З.Фрейд считал, что принцип единобожия принадлежал фараону Эхнатону. Вступив на трон, Эхнатон заменил весь пантеон богов, единственным богом провозгласил себя, верховным жрецом бога Атона (солнце), перенес в новое место столицу, назвав её Ахет-Атон. Эхнатон женился на двоюродной сестре красавице Нефертити. Многочисленные жрецы, лишившись власти, не могли простить фараону отступления от древних традиций. На 17 году правления Эхнатон был свергнут. Один из его сыновей, Тутанхамон, перенес столицу назад в Фивы. Последователи религии свергнутого фараона подверглись преследованиям. Само имя Эхнатона было стерто со всех памятников.

Имя Моисей (Моше – иврит, Мозес – англ.) Мозе – египетское слово «дитя». Часто являлось составной частью имени. Это говорит нам о египетском происхождении имени. Чудесное спасение дитя из плывущей по реке плетеной корзины. Подобные легенды о чудесном спасении довольно часто встречались, когда речь заходила об исторической личности.

"Гомо сапиенс"

Таковой была легенда о царе Аккада, Саргоне (2800 год до н. э.). Подобных легенд множество: Кир, Ромул, Геракл, Эдип и др.

Если Моисей был египтянином, тогда становится понятна традиция обрезания младенцев мужского пола. Эта традиция была принята в Египте. Ни в одной из стран Месопотамии или Средиземноморья такого обычая не существовало.

Тора трактует традицию обрезания как знак союза между Богом и Авраамом. Тора также рассказывает нам о том, как Бог разгневался на Моисея за то, что он пренебрег священным обычаем. Бог хотел его умертвить, но жена, родом из земли Мадиамской, спасла его, спешно совершив операцию.

Др. З. Фрейд предполагает что Моисей возможно был знатным человеком, может быть членом царской семьи Эхнатона. Убежденным приверженцем новой, монотеистической религии. Возможно со смертью фараона честолюбивые надежды Моисея на сохранение власти и новой религии рухнули, и он, не желая отрекаться от своих убеждений, решил создать новое государство с новым народом и новой религией.

Шимон Гарбер

Около 200 лет до правления Эхнатона семитские племена гиксосов захватили власть в Северном Египте. Вот их-то и избрал Моисей своим будущим народом.

Исход из Египта прошел мирно. Никаких охраняемых границ не существовало. Это произошло в 1358-1350 годах до н.э.

То есть после смерти Эхнатона.

Историки считают, что еврейские племена, из которых впоследствии возник народ Израиля, приняли новую религию. Но произошло это не на Синайском полуострове, а в Мерибат-Кадесе. Оазис, богатый источниками и ключами. Где-то ближе к западной Аравии. Там проживали арабские племена мадианитян, поклонники бога Яхве. Считается, что Яхве был богом вулканов. Одна из гор, расположенных вдоль западной границы Аравии, возможно, называлась Синай-Хорив. Вероятно еще действующий вулкан в те времена.

Моисей, зять мадиамского жреца Иофора, являлся родоначальником жрецов Кадеса.

Есть и еще одна теория, согласно которой основатель новой религии Моисей был убит своим восставшим народом, отрекшимся от новой религии. Родственные семитские племена объединились, приняв общую для всех религию, почитание бога Яхве.

Пятикнижие Моисея и книги Иисуса Навина впервые упоминаются одним из жрецов, современником царя Давида. После гибели Северного Израильского царства, некий иудейский священник объединил обе части.

Важнейшей составной частью религии иудаизма, была вера в приход Машиаха (иврит) – Мессии. Это должен быть идеальный царь, из «Дома Давидова». С приходом помазанника Божьего, воцарится справедливость, мир, изобилие и покой во всём мире. Мёртвые воскреснут, и наступит всеобщее благоденствие.

Возвращаясь к Торе, мы узнаем, что где-то в 1000 году до н.э. юный пастух по имени Давид, побеждает гиганта Голиафа и становится царем иудейского народа. Он отвоевывает небольшое поселение Иерусалим и делает его столицей нового государства. Современные археологические раскопки находят подтверждение существованию «Дома Давидова». Сын его, Соломон, о котором существует множество легенд, строит храм для почитания Единого Бога. Первый, Соломонов, Храм просуществовал после смерти Соломона, (975, или 930 до н.э.) еще 5 лет. Сын Соломона, Ровоам, не смог удержать страну от распада. Десять северных колен откололись и создали государство Израиль со столицей в Самарии.

Два южных колена создали государство Иудею со столицей в Иерусалиме.

Египетский фараон Шешонк (Шишак I), во главе огромного войска, напал на еврейское государство, разграбил Первый Храм.

Самария была столицей Израильского Северного государства.

В 732- 722 году до н.э. ассирийский царь Саргон II захватил столицу и увел в плен 10 колен израилевых, которые потеряны навсегда, рассеянные среди других народов.

В 605 году до н.э. Вавилонский, царь Навуходоносор осадил Иерусалим. Получив богатый выкуп, увёл заложников из знатных семей. Навуходоносор вернулся в 586 г. до н.э. Разграбил все сокровища Первого Храма и увел в плен большинство населения.

Храм был сожжен и разрушен в 423 г. до н.э., городские стены также разрушены.

"Гомо сапиенс"

Шимон Гарбер

ПЕРСЫ

Персы — одно из ираноязычных племён, пришедших в Междуречье. В 539 году до н.э., персы под предводительством Кира Великого захватили Вавилонию, превратив её в колонию Ахеменидской империи. Кир Великий, царь Персидский, решил восстановить порядок и право.

Согласно книге Ездры-Неемии, евреи Вавилона получили разрешение вернуться, «восстанавливать Храм Божий».

Ездра был священником (480 г. до н.э.), религиозным лидером, возглавившим иудеев, решивших вернуться из Вавилонского плена

Окончательное закрепление еврейского типа произошло через 900 лет после появления Моисея. За 500 лет до н.э. еврейский священник Ездра, а затем и Неемия, уведенные в Вавилонский плен и вернувшиеся в

Иудею, восстанавливали Иерусалимский Храм.

Согласно библейской науке, книги Ездры-Неемии назвали Реставрацией. Кодифицированное Пятикнижие стало действующим религиозно-гражданским правом для иудейского народа.

Ездра потребовал от иудеев, чтобы все женатые на язычницах разошлись с ними и отослали их обратно, вместе с общими детьми. Несогласные оставить жен-язычниц, должны были уйти вместе с ними. Этот переворот проложил путь изоляционизму, крайнему фанатизму и преградам для обращения в иудаизм.

Эта монотеистическая религия, пронесенная народом через тысячелетия бесчисленных страданий, войн и попыток тотального уничтожения, сохранила нацию, которая смогла вернуться в 20 веке на землю праотцов.

Эта же религия явилась причиной гонений и терзаний. Откажись иудеи от своей религии, они могли раствориться среди других народов. Вероятно, горькая чаша мук и страданий прошла бы мимо, но нация могла растворитьсяся и исчезнуть с лица земли, как и многие другие народы. Эта библейская история легла в основу трех основных религий человеческой расы и на тысячелетия определила пути развития цивилизации. Приняв веру в единого Бога, человечество создавало и разрушало во имя Бога, сокрушая и уничтожая все, что могло разрушить или помешать вере во всемогущество избранного Божества.

Проповедуя национальную исключительность, Ездра заложил мину замедленного действия, которая не раз ставила иудеев на грань выживания.

"Гомо сапиенс"

Шимон Гарбер

Монотеизм

Три основные религии - иудаизм, христианство и ислам - пережили множество столетий, враждуя друг с другом за право быть единственной и правильной религией для всего человечества. Христианство, появившееся поначалу как одна из бесчисленных сект в иудаизме, несогласной с главной доктриной правящей религии, достаточно быстро отошла от иудаизма и провозгласила нового Бога-сына, Иисуса Христа.

Ислам, или мусульманство. Возникло в начале VII века в Западной Аравии. Так же, как иудаизм и христианство, основывается на «авраамической религии» монотеизма.

Христиане ввели понятие «наша эра, или новая эра», взяв за точку отсчета предполагаемый год рождения Иисуса Христа.

Все происходившие в эти годы события

нам известны из Нового Завета, писаний четырех апостолов Иисуса Христа.

Александр Македонский (356 г. до н.э. – 323 г. до н.э.) завоевал персидскую империю и после его смерти, его приемники-полководцы поделили завоеванные территории. Династии Селевкидов отошли территории Малой Азии, Ближнего Востока и Иудея, как часть этого наследия, а Птолемеям достался Египет.

Эти преемники-диадохи, Птолемеи в Египте и Селевкиды в Азии, вели постоянные войны за влияние на Ближнем Востоке. Иудея, находясь в эпицентре этих интересов (торговые пути из Индии и Дальнего Востока и Египет, через Средиземное Море в Европу), постоянно подвергалась нападениям то с одной, то с другой стороны. Появившийся новый игрок за мировое господство, Рим, завоевал и Египет и Сирийские владения.

Шимон Гарбер

Восстание Маккавеев
(165-142 до н.э.)

Серия войн иудеев против греко-сирийской державы Селевкидов связанна с притеснениями вероисповедания и насаждения греческой культуры и религии. После многочисленных сражений греко-сирийские войска были изгнаны, и в стране воцарилась династия Хасмонеев.

Иудея, нуждавшаяся в поддержке для борьбы с Сирией, заключила союз с Римом. В 63 году до н.э. римские легионы под командованием Помпея вошли в Иудею. Страна из союзника превратилась в вассала.

После завоевания Иудеи Помпеем были казнены лидеры восстававших, и на Иудею и Иерусалим наложена контрибуция. Иудеи неоднократно восставали против оккупантов. Габиний, римский полководец, подавил восстание иудеев в 55 году до н.э. Ему пришлось завоевывать множество крепостей, оказывавших ожесточенное сопротивление. В этих битвах выделялся молодой Марк Антоний.

В этом же году Марк Люциний Красс сменил Авла Габиния. Он же ограбил Иерусалимский Храм, забрав 2000 талантов и всю золотую утварь.

Красс погиб в походе против Парфии. Небольшой отряд под предводительством Гая Кассия Лонгина смог пробиться назад, в Сирию. Иудеи вновь восстали, но Кассий смог это подавить.

Юлий Цезарь, в 49 году до н.э. послал 2 легиона в Сирию, для подчинения Иудеи и борьбы со своим противником Помпеем Великим. В ходе войны с Помпеем Великим Юлий Цезарь направился в Египет, надеясь на помощь иудеев, ненавидевших Помпея.

Последний потерпел поражение и был убит.

Цезарь восстановил власть Клеопатры и провозгласил её царицей. Население Александрии и египетские войска восстали против Цезаря. Помощь последнему оказали Митридат Пергамский и правители Иудеи.

Шимон Гарбер

Наступала эра Ирода Великого. Он не был по рождению иудеем, был не любим народом, жесток, предан Риму, и при его правлении в Иудее происходили постоянные волнения.

В Риме эти проблемы в Иудее вызывали негативные реакции.

Второй Римский Цезарь, Октавиан Август, победитель Марка Антония, в борьбе за власть простил верного друга Марка Антония - Ирода и даже утвердил его царем Иудеи.

Третий Римский Цезарь, Тиберий. В его правление в Иудее произошло событие, изменившее историю. Казнён Иисус Христос.

Четвёртый Римский Император, Калигула был явно неадекватен. Требовал почитания его как Бога на земле, установления его статуй во всех религиозных храмах.

Иудея готовилась восстать, но Калигула был убит своей охраной в результате заговора.

Пятый Римский Император, Клавдий, дядя Калигулы, был отравлен грибами своей женой и племянницей Агриппиной (мать Нерона).

Шестой Римский Цезарь, Нерон. Убийца

собственной матери, тиран и жестокий гонитель христиан.

Именно Нерон отправил Веспасиана на подавление восстания в Иудее.

Наступала эра династии Флавиев

Шимон Гарбер

Христианство

В римский период господства в Иудее там существовало множество различных религиозных групп, связанных общими взглядами на духовно-мистическом уровне в толковании Торы. Фарисеи – «избранные» - считались самым уважаемым и многочисленным братством. Партия саддукеев-эллинистов держалась особняком. Отдельным братством считались ессеи, выросшие из Кумранской общины. Они считали себя чисто мессианским братством, больше похожим на монашеский орден.

Отличалось от всех братств общество «ревнителей веры». Их чаще называли зелотами. Ревнители были убеждены в необходимости священной войны с оккупантами, римской властью. Только так можно приблизить приход Мессии, убеждали лидеры зелотов.

"Гомо сапиенс"

В Иудее происходили постоянные волнения и восстания.

Согласно новому летоисчислению, младенец Иисус появился в еврейской семье у непорочной Девы Марии в 1 год н.э.

В 525 году н. э. по поручению папы римского Иоанна I было произведено новое летоисчисление со дня рождения Иисуса Христа.

Иудеей правили ставленники Рима, наследники Ирода Великого. Трое сыновей Ирода Великого поделили власть в Иудее. Ирод Антипа получил во владение Галилею и Перею (область на восточном берегу Иордана). Ирод Антипа правил с 4 года н.э. по 39 год н.э. В истории остался как царь, который приказал арестовать Иоана Крестителя и отрубить ему голову.

К Ироду Антипе римский прокуратор Понтий Пилат отправил арестованного Иисуса, поскольку последний как уроженец Галилеи был подвластен правителю этой области. Ирод Антипа отправил его обратно к Понтию Пилату.

К этому времени Иисусу Христу исполнилось 33 года. Чем он занимался, и что было известно о нем к этому времени?

Первое упоминание о существовании Христа приписывается известному историку и писателю Иосифу Флавию (38- 100 н.э.).

Фигура Иосифа Флавия, (Йосеф бар Маттйаху) очень неординарна и требует особого рассказа. Он фарисей и глубоко верующий иудей. Родился в религиозной семье потомков Маккавеев и первосвященников. В христианской литературе существует текст «Свидетельство Флавия». …»В это время был мудрый человек по имени Иисус. Его образ жизни был похвальным, и он славился своей добродетелью; и многие люди из числа иудеев и других народов стали его учениками. Пилат осудил его на распятие и смерть; однако те, которые стали его учениками, не отреклись от своего ученичества. Они рассказывали, будто он явился им на третий день после своего распятия и был живым. В соответствии с этим он-де и был Мессия, о котором пророки предвещали чудеса».

Многие учёные и исследователи библейских текстов высказывали сомнения, считая этот текст позднейшей вставкой.

"Гомо сапиенс"

В Иудее того смутного времени по стране бродило множество проповедников и пророков различного толка, предвещающих как близкий приход Мессии, так и конец света. Был ли Христос исторической личностью или мифическим персонажем, хотя и имеет принципиальное значение для верующих христиан, но по сути после его человеческого или божественного появления - христианство как религия уже существовала.

Шауль (3-67), священник из Тарса, убежденный фарисей и гонитель христиан, получил прекрасное образование в равинистической академии. Лично с Иисусом не встречался. По дороге в город Дамаск Шауль получил видение и обратился в ревностного последователи Христа. Он стал апостолом Павлом. Учитель, организатор и устроитель церковной жизни. Горячо восставал против необходимости для язычников, ставших христианами, также соблюдать законы Моисея. Систематизировал христианское учение и проповедовал окончательное отделение от иудаизма.

Некоторые считают, что он был предан жестокой и мученической смерти по повелению Нерона.

Шимон Гарбер

Евангелисты, с четырех писаний которых начинается Новый Завет, появились в 64-69 годах 1 века. Первым было евангелие от Матфея, копия, переписанная многими авторами.

Церковь считает, что все 4 евангелия были написаны в 1 веке н.э., авторами: Матфеем, Марком, Лукой и Иоанном.

Все евангелия содержат историю жизни и проповеди Иисуса Христа. Матфей Левий был сборщиком налогов римской империи, который последовал за Иисусом Христом. Некоторые исследователи считают, что текст, скорее всего, принадлежит еврейскому христианину. Оригинал не сохранился, но существует греческий перевод, включённый в канон.

Евангелие от Марка, как и у всех евангелистов, включает описание жизни, проповедей и чудес совершенных Иисусом Христом. Как и все евангелия, оно сохранилось в переводе на греческий.

Евангелие от Луки, третье каноническое евангелие, начинающиеся с предсказания о рождении Иоанна Крестителя. Сохранилось, как и все остальные евангелия, в переводе на греческий.

Евангелие от Иоанна, свидетельствует, что Иисус Христос - сын Божий. Свидетельство о чудесах, вход в Иерусалим, Тайная Вечеря, распятие и погребение. Воскресение Христа.

Основной постулат (допущение, принимаемое без доказательств) евангелий — Христос воскрес после распятия. На этом постулате собственно и выстроена вся христианская религия. Поскольку Христос воскрес, значит - он был сыном божьим и Мессией. К сожалению, живых свидетелей его чудесного воскрешения не было. Правда, рассказывали, что две женщины, пришедшие на место упокоения, увидев его силуэт, в страхе убежали и никому ничего не сказали. От евангелистов мы знаем, что Христос являлся своим апостолам живым, пока его не забрали на небо.

Возможно Иешуа-Христос был одним из многочисленных бродячих пророков, бродивших в то смутное время по стране.

В иудейской религии Мессия (Машиах, иуд.), помазанник — Спаситель народа Израиля. Христос - по-гречески - помазанник, мессия. Существовали в иудейской религии особые приметы, по которым можно было определить настоящий ли это мессия или очередной лжепророк. Он должен быть из дома Давидова, сыном божьим, прибыть в Иерусалим верхом на ослице. Он установит мир на земле. Праведные и нечестивые, каждый получит по делам своим. Наступит всеобщая справедливость и нравственное возрождение человечества.

Возможно, существовал такой человек по имени Иешуа, бродячий проповедник, казненный римской властью, утвердившей постановление синедриона. Он был обвинён в святотатстве за провозглашение себя Машиахом (Сыном Божьим).

Его имя так бы и осталось неизвестным, как и имена многих других бродячих проповедников, но воскрешение сделало его Богом.

Существует теория, согласно которой христианство как религия, появилось в результате легенды, сочинённой при непосредственном участии римской власти. Тит Флавий, покоритель Иудеи, соправитель, сын и наследник Императора Веспасиана Флавия, привлек Иосифа Флавия к созданию альтернативной иудейской религии.

В литературе описывающей данную гипотезу, приводится множество фактов, подтверждающих эту теорию. Основная идея состоит в том, что, по рассуждениям Тита Флавия, народ, который предпочитает умереть, нежели отступить от постулатов предписанных религией, можно победить только дав ему новую веру и нового бога. Тит видел как иудейские священники - в то время, когда римские воины ворвались в Храм и вокруг лилась кровь и бушевал пожар, - продолжали приносить жертвы своему Богу.

Создав нужную религию, можно управлять людьми без войн и армии солдат, необходимых для охраны границ.

Риму, имеющему тысячи километров границ на захваченных территориях, приходилось держать огромные армии, участвуя в постоянных стычках, часто перерастающих в локальные войны.

Возможно, изначально новая религия предназначалась для постоянно восстававшей Иудеи. Иосиф Флавий бы идеальной фигурой для создания подобной религии. Рожденный в семье иудейских жрецов, знаток Торы, прекрасно владеющий греческим языком, историк и писатель, прошедший через три основные секты того времени, фарисеев, саддукеев и евсеев – он также провел три года в пустыне аскетом-отшельником. Флавий говорил, что его решение сдаться Веспасиану пришло с откровением свыше. Задача создания нового Бога и новой религии, могла быть по плечу только неординарному человеку, знатоку Торы. Но даже ему одному, такая гигантская задача была не по силам. Вероятно, множество людей трудилось над созданием нужной правящему Риму религии.

Мессия, сын Божий, мог быть принят при условии соблюдения всех правил прописанных в Торе.

Распятие и затем Воскрешение сделало Иисуса Христа – Богом.

Тора наполнена различными пророчествами, связанными с приходом Мессии. Для создания новой религии требовался не воинствующий Мессия, а призывающий к добру, любви к ближнему и смирению. Иисус Христос проповедовал: «подставь другую щеку», «всякая власть от Бога», «кесарю кесарево»…

"Гомо сапиенс"

Среди множества иудейских сект, вероятно задолго до официального признания христианства, существовали секты последователей восточного персидского культа бога Митры. Этот культ был широко распространён в странах Ближней и Средней Азии. Можно проследить множество удивительных совпадений культа Митры с христианскими обрядами.

В найденных «Кумранских рукописях», найденных в 1947 в районе Мертвого моря, написанные задолго до появления Христа, рассказывается о существовании секты ессеев и о некоем учителе. Тексты рукописей удивительно совпадают с текстами «священного писания», написанных евангелистами в переводе на греческий язык.

Разумеется, первыми христианами были иудеи. Также, как Иисус и его апостолы. Воспринималось христианство как еще одна секта иудаизма. В противовес иудаизму стать христианином мог любой человек, пожелавший принять эту религию. От прозелита (новый приверженец) требовалось пройти обряд крещения, а дальше просто верить во все религиозные постулаты. Отсутствие необходимости обрезания для мужчин, делало эту веру еще более привлекательной.

Возвращаясь к истории Иосифа Флавия, известно, что он, участвуя в восстании против римлян в 66-74 гг. н.э., командовал вооруженным отрядом иудеев, отправленным в Галилею. После поражения был арестован римлянами и предстал перед полководцем Веспасианом Флавием. Иосиф предсказал Веспасиану, что последний станет римским цезарем. Во время осады Иерусалима, Иосиф обращаясь к защитникам крепости, убеждал последних сдаться перед мощью римлян, чтоб избежать чудовищного поражения от римской военной мощи и полного уничтожения.

Веспасиан стал первым цезарем из династии Флавиев. Усыновленный Иосиф, получивший фамилию Флавий, стал гражданином Рима, был поселен в одном из поместий Флавиев, где смог написать свои знаменитые произведения: «Иудейские Войны», «Иудейские Древности», «Возражение против Апиона».

Иерусалим был полностью разрушен. Оставшихся в живых ждала ужасная участь рабов на чужбине.

Рим устроил Титу и Веспасиану, а также второму сыну Веспасиана Домициану пышный триумф. Под аркой Тита в Риме провели побежденных пленников, несущих бесчисленные трофеи, захваченные в Иерусалиме.

На ценности, захваченные в Иудее, Флавии построили огромный Колизей на месте озера Нерона.

Но Иудея продолжала восставать против римского господства. Восстание в 115-117 гг. назвали Второй Иудейской Войной. Восстание охватило Месопотамию, Египет, Кипр, Палестину.

Римская армия под командованием императора Трояна вела борьбу с Парфянской империей. Траян направил генерала Лузия Квиета, назначив его губернатором Иудеи.

Новый император Адриан отозвал и казнил Лузия Квиета. В Иудее оставался VI Железный легион, который позже противодействовал восставшим под предводительством Бар-Кохбы.

Это восстание иудеев в 132-136 годах, поначалу принесло восставшим успех. Бар-Кохба был провозглашен Мессией.

Шимон Гарбер

Адриан вызвал из Британии полководца Севера. После трех лет борьбы в 135 году восстание было подавлено, и Бар-Кохба был убит.

Адриан превратил Иерусалим в языческий город, запретив проживание в нем иудеев. Под страхом смертной казни было запрещено исполнение обрядов веры, преподавание и изучение законов Моисея. Адриан переименовал Иудею в Палестину, чтобы само слово «Иудея» исчезло навсегда. Иерусалим Адриан переименовал в Элию Капитолину и издал указ, по которому евреи не имели право ступать на территорию города.

Вся последующая история иудеев — изгнания и страдания в течение долгих 2000 лет.

Как мы знаем, первыми христианами были иудеи вместе с Иисусом и его апостолами. Прозелитизм (обращение в веру) в иудаизме никогда не приветствовался. Скорее, это была закрытая для неиудеев секта, где становятся членами по крови по материнской линии. А обязательное обрезание для мужчин, отпугивало многих.

В противовес иудаизму стать христианином мог любой человек, пожелавший принять эту религию. От прозелита (новый приверженец) требовалось пройти обряд крещения, даже в массовом порядке, и просто верить во все религиозные постулаты. Христианство не только активно занималось прозелитизмом, но его многочисленные миссионеры принудительно обращали в веру многочисленных язычников.

Константин Великий – римский император (306-337) - принял христианство, утвердив его как господствующую религию Рима.

В картине «Крещение Константина» последний стоит на коленях перед епископом, который совершает обряд крещения.

Первый Никейский (Вселенский) собор Церкви был созван императором Константином в 325 году. Провозглашено окончательное отделение от иудаизма, выходным днем вместо субботы признано воскресенье. Принят канон о праздновании Пасхи, в день, отличный от иудейского.

Аврелий Августин, более известный как Блаженный Августин (354-430), один из

Отцов христианской церкви. Создатель системы христианской философии. В «Ответ Фавсту манихею»: «евреи виновны в крови Христа»…»прокляты от земли»… «прокляты церковью»…», «сохранять свидетельства для верующих христиан, в каком порабощении заслуживают находиться те, кто в гордыне своего господства приговорили Господа к смерти»…», «отмечены Каиновой печатью».

Папа Иннокентий III (1198-1216) ввёл ношение евреями отличительного знака в одежде.

Ношение отличительного знака на одежде для иудеев предписывалось многочисленными церковными указами и продолжалось множество столетий.

Гитлер в XX веке лишь продолжил эту традицию.

Мартин Лютер (1483-1546), отец реформации церкви, возмущенный отказом евреев принять его послание, разразился трудом «Евреи и ложь»:

1. Еврейские синагоги следует сжечь

2. Еврейские дома должны быть разрушены

3. Евреям следует давать работу слуг и лакеев

4. Еврейские деньги следует конфисковать

5. Евреев следует изгнать силой из их сообществ

Юрий Исаак, автор книги «Есть ли у антисемитизма христианские корни»: «Христианский антисемитизм является мощным стволом с сильными корнями, от которого (в христианском мире) растут все остальные виды антисемитизма, даже те, что имеют явно антихристианскую природу».

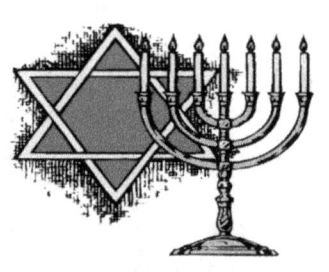

Ислам

Ислам, или мусульманство. Возникло в начале VII века в Западной Аравии. Так же, как иудаизм и христианство, основывается на «авраамической религии» монотеизма.

Проповедник ислама — пророк Мухаммед (571-632 н.э.). В своих проповедях пророк Мухаммед очищал истинную веру в Единого Бога от искажений, внесенных иудеями, христианами и язычниками. Мухаммед был личностью исключительной, что стало причиной успеха ислама.

Ислам всегда был религией активного прозелитизма. Обращаемый произносил при свидетелях символ веры (свидетельствую, что нет Бога кроме Аллаха, и Мухаммед пророк его). Обрезание взрослого прозелита считалось необязательным.

"Гомо сапиенс"

Шимон Гарбер

Религия и её роль в истории цивилизации

Основная роль религии, реализация и поддерживание особых символических культовых обрядов, призванных служить почитаемому образу. Религия выступала в роли носителя философии, искусства, истории, хранителя заветов прошлых поколений для передачи потомкам.

Любая религия базируется на вере в существование особых, сверхъестественных могучих сил, способных не только влиять на повседневное существование человека, но и на существование после физической жизни.

Религия давала глубоко верующему человеку, духовное благо, веру в бессмертие души, надежду и веру в светлое безмятежное существование. В ответ требовалось просто верить, соблюдать традиционные обряды и приносить соответствующие жертвы Богу через посредство служителей культа.

Служители культов сами становились собственниками ценностей, земли, имущества. Власть религиозная, освящая и поддерживая власть светскую, могла влиять на само существование власти, если последняя вступала в противоречие с духовенством.

Религия была самой серьёзной политической силой, имеющей почти безграничную власть. Нетерпимость к другим религиям или отступничество от канонов и религиозных догм каралось беспощадно и публично. В назидание другим бунтовщикам.

Христианство создало инквизицию, организовало крестовые походы, сжигало «ведьм» на кострах, уничтожало и преследовало всех, кто осмеливался сомневаться в могуществе христианского Бога и поклонялся другим, неправильным богам.

После смерти пророка Мухаммеда в 632 году, на Аравийском полуострове был создан Арабский халифат. Объединенные арабские племена двинулись на завоевание мирового господства. Ирак, Сирия, Египет, Персидская империя, Северная Африка, Византия, Месопотамия и Палестина попали под контроль Халифата.

Завоевания ислама распространились на Средний и Ближний Восток, Юго-Восточной Азии, Африки. В 711 году арабы вторглись на Пиренейский полуостров и двинулись дальше по Европе. Поражение при Пуатье приостановили продвижение ислама вглубь Европы.

Аль-Андалус — Мусульманская Испания (711-1492). Гренада – столица последнего эмирата на полуострове, была взята войсками Католических королей в 1492 году.

Османская империя – исламское государство, созданное в 1299 году тюркскими племенами Османа. Захватили Константинополь в 1453 году, переименовав последний в Стамбул. Османская империя вела бесчисленные захватнические войны.

В 1923 году, после подписания мирного договора, была создана Турецкая Республика, заменившая Османскую империю.

В исламе нет четкой грани, разделяющей религию и право. Ислам руководствуется законами шариата (свод мусульманских религиозных, юридических и бытовых правил, основанных на Коране). Один из столпов ислама - духовный джихад (борьба за веру).

Исламизация – обращение в ислам населения, на территориях, захваченных в ходе арабских завоеваний.

Шимон Гарбер

Войны, завоевания и порабощения

Завоевание Александра Великого (336-323 до н.э.) Персидской империи ознаменовало новую реальность в межгосударственных отношениях. Сильный и решительный полководец, даже значительно уступая в численности, может завоёвывать другие страны. Огромные богатства, накопленные за бесчисленное количество лет, можно просто захватить, победив в войне. Победитель получает всё. Проигравший становится данником, содержащим счастливого противника. Существует мнение, что Александр Македонский, познакомившийся с персидской религией Митры, подумывал о создании новой религии, соединив последнюю с греческой. Ранняя смерть помешала этим планам.

На смену Александру Македонскому

пришла Римская империя. Создав мощную дисциплинированную армию, Рим двинулся на завоевание всех территорий, подчиняющихся диадохам Александра Македонского. Рим вёл беспрерывные войны и в Европе, стремясь подчинить варваров и сделать их данниками Рима.

Римская империя окончательно разделилась на Западную и Восточную в 476 году. Западная Римская империя пала. Восточная часть Римской империи с центром в Константинополе просуществовала ещё почти 1000 лет, до 1452 года.

Цезарь Константин в 323 году, победив при Адрианополе, сделал христианскую церковь надёжным помощником монаршей власти. Византийская империя явилась прямым продолжением Римской империи на Востоке.

На Западе франкский король Карл Великий был коронован Римским епископом Львом III. В 962 году Оттон I Великий был провозглашен папой Иоанном XII императором Священной Римской империи.

В Европе установилось христианство с католическим центром в Риме под главенством Папы Римского.

Восточная Римская империя, вследствие раздела, в 395 году провозгласила себя Византийской империей с христианским православным религиозным центром в Константинополе.

Обращение в христианство Византийской империей было стандартной практикой по отношению к соседям-язычникам. Моравии, Болгарии, а позже и Киевской Руси.

Раннее Средневековье (XI-XIV века) отмечено завоеванием Англии герцогом Вильгельмом Завоевателем.

В этот же период Швеция, Норвегия и Дания приняли христианскую веру.

Крестовые походы, организованные христианами с целью отвоевания у мусульман захваченной Палестины, оказали мощнейшее влияние на все слои общества. Короли и императоры, крестьяне и священнослужители отправились на освобождение «Гроба Господня от неверных». Расцвет идеи крестовых походов пришелся на XII век.

Позднее Средневековье (XIII-XV века) – открытие Америки.

Мусульманские страны, объединённые Османской империей, препятствовали Европейским странам в торговле с Востоком.

Поиски альтернативных морских путей привели к открытию Христофором Колумбом Американского континента.

Для миссионеров христианской религии открылись невиданные возможности для обращения миллионов язычников в «правильною» веру.

В XIII веке из степей Дальнего Востока хлынули несметные полчища монголов, объединённых под предводительством Чингисхана. Его потомки захватили Китай, Корею, Бирму и вторглись в Индию.

Еще при жизни Чингисхана начался поход на завоевание Средней Азии. Ходжент, Бухара, Самарканд и множество других крепостей-городов были разрушены. Население было подвергнуто жестокому насилию, выжившие попали в плен.

После похода в Восточный Иран монголы приступили к завоеванию Кавказских государств. Пришел черёд и Крыма.

Шимон Гарбер

На реке Калке произошла битва между объединенными русско-половецким войском и армией монголов. После длительных сражений, союзная армия потерпела поражение.

Монголы успешно завоевали территории Анатолии и двинулись на Ближний Восток. Багдад и Сирия выразили покорность завоевателям. В Палестине монголы захватили Самарию и Газу.

Армия египетских мамлюков смогла нанести монголам поражение.

Потомки Чингисхана, собрав огромную армию (120-150 тысяч человек), двинулась на покорение Восточной и Центральной Европы. Башкирия и Волжская Булгария были завоеваны и включены в состав Золотой Орды. Хан Батый возглавил поход на Русь.

Пали города: Рязань, Коломна, после долгого сопротивления Москва, Владимир, Переславль-Залесский, Тверь, Торжок, Козельск. Отказавшись идти на Новгород, монголы вернулись в южные степи для отдыха и откорма коней.

В последующие годы Золотая Орда не раз

совершала набеги на Русь. В один из таких походов пал Киев.

Монголы напали на Польшу, Венгрию, Хорватию, Сербию и Болгарию.

Древней религией монголов был шаманизм. Значительная часть населения - неверующие.

Золотая Орда (Монгольская империя) являлась тюркским государством. Образованию Османской империи способствовали завоевания тюрков-османов. Большинство современных тюрок - мусульмане. А также есть православные христиане, иудеи, буддисты.

Сегодня в России существует новомодная теория, отрицающая какое-либо существование монгольского ига на Руси, нашествия или завоевания татаро-монголами европейских территорий. Считая последнее удачной попыткой скрыть истинные причины междоусобиц и гражданских войн за власть в стране.

Шимон Гарбер

Открытие Америки

Христофор Колумб - в надежде открыть торговые пути в Индию - на кораблях, снаряженных испанскими Католическими королями, открыл путь к новым двум континентам, впоследствии названных Америкой (1492 год).

Испанская корона по праву первооткрывателя объявила открытые земли своей колонией.

Великое географическое открытие положило начало новой эпохи – колониализму. Метрополия получила право на эксплуатацию людских и природных богатств с целью монополизации мировой торговли новыми уникальными ресурсами.

Обретение бесправной рабочей силы. Эксплуатация природных богатств, бесплатный труд аборигенов в качестве рабов.

Испанская колонизация принесла в центральную и южную часть Южной Америки католицизм и испанский язык. Богатства, хлынувшие рекой в испанскую казну, указали дорогу остальным.

Африка оказалась основным поставщиком рабов для работы на заокеанских плантациях. Рабов захватывали в боях либо покупали у местных князьков и в кандалах перевозили через океан. Затем продавали на невольничьих рынках.

Великобритания становится крупнейшей колониальной державой, подчинив Австралию, Индию, Гонконг, ведя Опиумные войны против Китая. Франция подчинила себе Алжир, Вьетнам, Камбодже, Лаос. Португалия подчинила себе Бразилию.

В Северной Америке шла настоящая война за территории между Испанией, Англией, Францией, Нидерландами, Швецией. Имела свои колонии и Россия: Аляска, Форт Росс.

Россия в позднее Средневековье занималась успешным покорением Сибири, Кавказа и Средней Азии.

Все колониальные территории получили язык и веру колонизаторов.

Шимон Гарбер

Открытие Америки (1492 год) явилось новой вехой в истории человечества. Оно изменило мир навсегда, а результаты можно было наблюдать в течение многих столетий.

Активное освоение новых территорий потребовало мощного развития кораблестроения. Приток значительных объемов серебра и золота способствовал кардинальным изменениям в мировой торговле. Стремительное развитие различных отраслей в науке и технике. Новые продукты и новые товары оживили торговлю и сельскохозяйственное производство.

Главные сдвиги в общественном сознании — это новое устройство общества. Свободное, построенное на совершенно иных принципах, равноправное и независимое общество создало основной закон США, Конституцию (1787 г.), продекларировавшую равные права для всех: правосудие, жизнь, свобода и право собственности.

Декларация независимости США (1776 г.) документ, в котором британские колонии в Северной Америки объявили о независимости от Британской короны.

Провозглашенные права и свободы оказали сильнейшее влияние практически на все человечество. В Америку потянулись все, кто искал социальных, религиозных, расовых, национальных, гендерных и прочих свобод. Среди новых иммигрантов было множество авантюристов разных мастей, аферистов и проходимцев, но основную массу переселенцев составляли те, кто хотел найти свободу, работу, возможность строить свою жизнь; предприниматели, жаждущие создавать новые материальные ценности и готовые тяжело и упорно работать с риском потерять все при неудаче. Именно они создали богатство страны, которая сделала США самой могущественной державой планеты.

Американская экономика является основой глобальной финансовой системы. Валютой США производятся межгосударственные расчёты.

Военное превосходство вооружённых сил неоспоримо на мировой арене. Соединенные Штаты тратят на финансовую помощь другим государствам больше всех в мире, таким образом обеспечивая влияние и сотрудничество стран, нуждающихся в этой помощи.

Конституция США, созданная «отцами-основателями», за многие столетия доказала прочность государственных институтов и верховенство закона.

США является неоспоримым лидером в разработке и применении новейших технологий, добыче нефти и газа, исследований и разработок во многих научных областях. США - сверхдержава, обладающая превосходящей военной, экономической и политической силой.

"Гомо сапиенс"

Шимон Гарбер

Демократия

Демократия (от греч. народовластие) – коллективное принятие решений при равноправном участии процесса приёма этих решений. Еще в школе мы изучали историю государств с демократической системой управления: от Афинской до социалистической.

Само понятие «демократия» интерпретировалось более чем широко.

В определениях демократии всегда затрагиваются вопросы равенства, принципов участия народа (демос - греч.)в принятии политических решений, религиозных и других прав человека, плюрализма и права на самоопределение.

В Греции женщины и рабы не имели политических прав. В городах-государствах полнотой власти обладало собрание граждан. Различные исполнительные должности назначались по жребию или были выборными.

Римская империя явилась прообразом государства с выборным правительством, произведя образец для Западной цивилизации.

Римская аристократическая республика предоставляла права народному собранию. Оно выбирало должностных лиц, принимало законы, объявляло войну или заключало мир. В реальности власть принадлежала богатым патрициям, подкупавшим избирателей для победы на выборах.

Причины гибели Западной Римской империи – демографическое вырождение, связанное с кризисом института семьи, и замена её населения переселявшимися на её территорию варварами. Историки античного Рима: "Безбрачие и отсутствие детей становилось всё более обычным… Среди женатых дети считались обузой… В результате основная составляющая населения Италии сокращалась, и её провинции частично заселялись варварами и приходили в запустение".

Со временем варвары нанялись в армию, и последняя разграбила и разрушила Рим.

Едва ли не самым главным завоеванием человечества является свобода выбора.

Свобода, Равенство, Братство(1799) – национальный девиз Великой Французской Революции(1789). Это был ответ абсолютизму, его лозунгу «Бог, Король и Отечество».

В этом триединстве лишним словом было «Король». Отказаться от веры в Бога и отвернуться от Отечества люди ещё не были готовы. Хотя уже существовали атеисты (отказ от веры в Бога), но это было скорее исключение.

Атеисты утверждали, что вера во всевозможных богов, духов, загробную жизнь, сверхъестественные силы - самообман. Отсутствие каких-либо эмпирических или физических доказательств сопровождается свободой мысли, научного скептицизма и свободой убеждений.

Монархическая Европа, потерпев поражение в войне против северных колоний в Америке, стала терять свое влияние и в остальных колониях по всему миру. Пример союза 13 свободных штатов и американская декларация независимости не могли не оказывать влияние на умы живущих в монархических странах людей. Идеи утопического государственного устройства с равными возможностями для всех слоев населения появлялись в различных странах. Великая Французская Революция, возглавляемая якобинцами, провозгласила первую французскую республику. Король Людовик XVI (1792) был смещен. Национальный конвент постановил, что монархия во Франции отменяется.

Король был судим и приговорён к смерти. На площади Революции ему отрубили голову. Экономика страны от этого революционного акта не улучшилась, и, естественно, начались волнения. Борьба за власть между жирондистами и якобинцами закончилась победой последних. Гражданская война бушевала в большинстве департаментов страны. Прусские, австрийские, испанские, а затем и английские войска вторглись в страну. В разрушенной стране были созданы «хранилища изобилия». Издаётся декрет о «максимуме» на хлеб, контроль цен и заработной платы. Следующий шаг - создание армии, аресты подозрительных и чистки комитетов. Новый Конвент издавал декреты, развивая централизованную диктатуру, основанную на терроре. Все материальные и пищевые ресурсы реквизировались, предприятия национализировались.

Шимон Гарбер

В 1795 году начались большие политические процессы. Королева Мария-Антуанетта была отправлена на гильотину. Казни и массовые расстрелы применялись потому, что гильотина работала недостаточно быстро. Репрессии носили явно выраженный классовый характер. Католические храмы закрывались, и священники репрессировались. Дантон и другие видные дантонисты были казнены. Робеспьер, Сент-Жюст и другие были казнены без суда (1794). Восстали роялисты, и был привлечен молодой генерал Наполеон. Восстание было подавлено. Казни и террор продолжались.

Объединённые коалиционные войска: Британские, Австрийские, Неаполитанские, Шведские, Российские и Турецкие были готовы начать вторжение. Прибывшего в Париж Бонапарта, приветствовали как спасителя. Бонапарт распустил Директорию и провозгласил Консулат, с ним самим во главе. Подавив все политические свободы, Бонапарт реорганизовал управление сверху донизу, сделав последнее строго централизованным.

Бонапарт был признан пожизненным консулом, а в 1804 коронован как император.

Наполеоновские войны (1800-1815) перекроили карту Европы. Скорее, это были войны за экономическое господство. Любая война приносит опустошение и разруху. Существует и другое мнение, что война двигает прогресс и экономику. Однако массовые потери в живой силе неизбежны. Но какие полководцы об этом думают.

В 1814 году союзные войска (российская армия являлась ядром союзных войск) вступили в Париж. Наполеон отрекся от престола и был сослан на остров Эльба. Вскоре бежал и снова восстановил свою власть. Был разбит при Ватерлоо и отправлен на остров Св. Елены.

Последствия французской революции, наполеоновские войны и, естественно, свободы, завоеванные североамериканскими штатами, не могли не взбудоражить жажду свободы и желание свергнуть монархический строй, заменив его на республику со всеобщим равенством.

XX век

Этот злосчастный век стал самым кровавым в истории человечества.

Германия жаловалась на недостаточность жизненного пространства и дефицит продовольствия для растущего населения.

Образовавшиеся два военных блока государств Европы искали повод для войны.

Первая Мировая Война (1914-1918) началась с убийства австрийского эрцгерцога Франца Фердинанда. Два противоборствующих лагеря приступили к военным действиям. Германия, Австро-Венгрия, Османская империя и Болгарское государство против Британской империи, Российской империи и Французской республики.

Погибших военных и гражданских с обеих сторон - около 20 миллионов. Раненых, изуродованных около 55 миллионов.

Результат: социалистические революции в России (1917) и в Германии (1918).

Развалились империи: Российская, Австро-Венгерская, Османская и Германская.

Шимон Гарбер

Социал-демократические движения в XX веке

К началу XX века в большинстве стран Европы и в Северной Америке установился индустриальный капитализм. Обострились социальные проблемы, и усилилось рабочее движение за демократические преобразования. Восстания, революции, национально-освободительные движения инспирировались объединённой международной организацией социалистических партий - Интернационал.

Повсюду вели пропаганду социал-демократические партии различного толка и выходцы из различных стран. Стачки, демонстрации, забастовки и стычки с войсками. Марксистские идеи распространяются среди рабочих. Появилось множество выходцев из всех слоёв общества, примкнувших к социалдемократическому движению, а то и возглавивших его.

В России А. Ульянов со товарищи приобрели взрывчатку и готовили покушение на царя. Заговор раскрыли, пятеро заговорщиков были повешены. Юный брат А. Ульянова, Владимир поклялся отомстить за брата. В Женеве и Цюрихе многочисленные политические эмигранты-революционеры из России, они представляли из себя разрозненнее группы. Велась революционная пропаганда, направленная на экспорт в Россию. Издавались газеты, печатались листовки, доставлявшиеся доверенными курьерами, готовились свержение царя и революция.

Царь Николай Второй подписал указ от отречения от престола. Власть перешла в руки Временного правительства до выборов Учредительного собрания.

Радикальное крыло Российской социал-демократической рабочей партии (большевики), пошли на разрыв с отечественными леворадикальными течениями. Это радикально-экстремистское течение заключило тайный договор с немецким Генеральным штабом о доставке группы революционеров в

1917 году в Россию, транзитом через нейтральные страны, в опломбированном вагоне. Получали ли они при этом какие-то суммы наличными в валюте? Это остается недоказанным.

В России произошел Октябрьский переворот, и страна вышла из войны, заключив сепаратный мир с Германией в Брест-Литовске.

Россия повторила весь путь Великой Французской революции - со всеми её кровавыми ужасами и гражданской войной, террором и разрухой.

После смерти Ленина власть демократическим выборным путем перешла к Иосифу Сталину. Этот параноидальный восточный деспот и убийца пробыл у власти 30 лет, соблюдая видимость демократических выборов. Он повинен в уничтожении большего количества людей, чем Россия потеряла в Первой и Второй Мировых войн вместе взятых. Никому не доверяющий интриган доверился лишь одному человеку, Гитлеру. Это доверие базировалось на простом расчёте. Такая дружба выгодна обеим государствам. Объединившись против враждебной

Европы, Германия и Россия могла господствовать во всем мире. Немецкие офицеры обучались в российских военных академиях, проводились совместные армейские учения. Отрабатывались сражения за захват территорий на Кавказе. Вплоть до первого дня войны через границу шли эшелоны с грузами для Германии. Нефть, уголь, руда, металлы, зерно и прочие, столь необходимые Германии товары.

Пакт о ненападении, так называемый пакт Молотова-Риббентропа, дополнительно содержал секретные протоколы о разделе влияния в Европе.

Согласно секретным протоколам договора Молотова-Риббентропа в 1939 году СССР ввёл войска в Польшу. В том же году СССР напал на Финляндию, рассчитывая на лёгкую победу. Но финны под командованием генерала Маннергейма, построившего оборонительные укрепления, названные «Линией Маннергейма», оказали жесточайшее сопротивление. Советские войска захватили 11% территории Финляндии. Последняя была вынуждена принудительно переселить 30 тысяч жителей вглубь страны.

Не ожидая вероломного нападения от «друга» 22 июня 1941 года, Сталин первые дни войны прятался от всех, ожидая ареста. Объявление о нападении на СССР, читал Молотов. В первые дни войны вооружённые силы вермахта вошли вглубь территории страны и к октябрю месяцу находились в 30 км от Москвы.

В 1941 году были убиты, отрезаны и захвачены в плен более 4 миллионов человек. Бездарный главнокомандующий перед самой войной обезглавил армию. С маниакальной подозрительностью, опираясь на дезинформацию немецкой разведки, арестовывались и расстреливались лучшие и испытанные командиры высшего звена.

Веймарская Республика - так называлась Германия в 1919 — 1933 годах. На основании Версальского мирного договора побеждённая Германия должна была выплачивать странам-победителям репарации за нанесённый войной ущерб. Германия была обязана передать победителям весь морской флот и значительные территории. Националисты хотели пересмотра унизительного мирного договора. Огромные суммы репараций тяжким грузом давили на экономику страны. Немецкая марка обесценилась. В 1929 году разразился мировой экономический кризис. Требовались жестокие ограничения на все социальные программы.

На проведенных демократическим путем парламентских выборах 6 миллионов голосов получила национал-социалистическая рабочая партия Германии. Гитлер стал рейхсканцлером.

В истории не существовало подобного преступника, жесточайшего диктатора, воплощения зла, повинного в преступлениях против человечества. Ярко выраженный параноидальный психопатический типаж, он испытывал постоянную ненависть, особенно проявившуюся по отношению к евреям. Доводя себя во время выступления до полного исступления, он вводил толпу в гипнотическое состояние. Обезумевшие женщины, обожавшие своего фюрера, протягивали ему детей, предлагали себя, готовые отдать за него жизнь.

Обожавшие всякие мистические зрелища нацисты устраивали ночные факельные шествия, военные парады, народные пивные с шумными гуляниями. В «хрустальную ночь» громили витрины магазинов, принадлежавших евреям. В «ночь длинных ножей» расправлялись с сотоварищами, которые помогли Гитлеру прийти к власти (группа Рёма).

Как случилось, что такой абсолютно неадекватный типаж смог изменить нацию, превратив добрых, сентиментальных, образованных людей в садистов, жестоких убийц женщин, детей, стариков, больных, немощных и всех остальных, по выражению Фюрера, «недочеловеков»? Куда делось христианское смирение и доброта? Немцы, которые водили хороводы в Рождество вокруг разукрашенной ели, со слезами на глазах распевая:

«O, Weihnahtsbaum,
O, Weihnahtsbaum…»?..

Национал-социалисты подхватили термин «арийцы» (индоиранский язык) и прилепили его к термину «нордическая раса». Идеология нацистов как наследников чистой «арийской расы» и носителей «арийского духа», которому принадлежат все достижения европейской культуры... Хотя в иудаизме говорится о том, что немцы - наследники персидских племен, переселившихся в Европу много тысячелетий назад. Арии – древние народы Индии и Ирана, приносившие жертвы своим богам, силам природы.

Объяснение этой немыслимой жестокости и жажды убийств невинных людей скорее лежит в области патологии, связанной с новой религией. Отринув христианство, Гитлер пропагандировал теорию превосходства новой расы над «недочеловеками».

Гитлер был ярким оратором: «Немецкий народ, я спрашиваю у тебя, нужна ли тебе тотальная война? Я сам отвечу, да нужна!»... Далее он упрекал несправедливую судьбу, которая наделила немцев-арийцев, трудолюбивых и талантливых, небольшой территорией. В тоже время, ленивые и бездарные славяне обладают огромными территориями, которыми они попросту не пользуются. Эта несправедливость должна быть исправлена. Каждый немец получит огромный земельный надел и тупые и невежественные славяне должны будут работать на немца-хозяина.

Такая пропаганда не могла не действовать

на сонных бюргеров, которым теперь предлагалось стать владельцами земель и рабов. Тем более что всю ответственность и угрызения совести фюрер брал на себя.

Гитлер был участником Первой Мировой Войны, попал под разрыв химического снаряда. Был отравлен газом, лежал в психиатрическом отделении лазарета. Он мечтал отомстить всем за позорное поражение, особенно французам. Различные ограничения , наложенные на Германию Версальским договором, не позволяли Германии открыто вооружать армию, но милитаристские устремления и желание подчинить Европу, привели Гитлера к сговору со Сталиным о тайном союзе. Гитлер ненавидел коммунистов, и в Германии их жёстко преследовали и сажали в тюрьмы. Сталин разумеется знал об этом, но союз с Гитлером был слишком важен для него, чтоб думать о каких-то там заключенных. Гитлер подыгрывал ему во всем, не желая получить войну на два фронта. Сначала он хотел отомстить всем союзникам, поставившим Германию на колени.

Вскоре после прихода к власти Гитлер объявил о частичном выходе Германии из

Версальского договора. В 1938 году была аннексирована Австрия. В том же году была аннексирована часть территории Чехословакии – Судетская область. А в 1939 году была оккупирована и остальная часть Чехии. После аннексии Литвы пришел черёд Польши. Союзники Польши, Англия и Франция, дали Германии резкий отпор. Согласно секретным приложениям к договору Молотова-Риббентропа, войска Германии и Советского Союза вторглись на территорию Польши. Это стало началом Второй Мировой Войны. В 1940 году Германия оккупировала Норвегию, Данию, Голландию, Люксембург, Бельгию и вторглась во Францию. Последняя капитулировала. После захвата Греции и Югославии пришел черёд СССР. На оккупированных территориях был установлен жесточайший «немецкий порядок». Были уничтожены многие миллионы людей.

Покончил с собой в мае 1945 года

Бенито Муссолини – дуче, диктатор, вождь итальянских фашистов. Социалист-марксист, жаждал преобразовать систему современной Италии. Одержимый идей возрождения Римской империи, отказался от идей социализма. Создал Национальную Фашистскую партию. Был демократическим путем избран в парламент. В 1922 году во главе фашистской партии организовал поход на Рим. Муссолини становится диктатором. Вступает в коалицию с Гитлером. Арестован британскими войсками, вошедшими в Италию в 1943 году. Позже был казнён.

Франсиско Франко, каудильо Испании в 1939-1975 годах. Организовал военный переворот в 1936 году, что привело к гражданской войне между республиканцами и националистами (1936-1939). Победив республиканцев, установил авторитарный режим. Получил титул Каудильо – «вождь». Был присвоен чин генералиссимуса. Установил связь с нацистской Германией и фашистской Италией. После окончания Второй Мировой Войны Франко оставался во главе Испании.

Вторая Мировая Война 1939-1945 годов отбросила экономику Европы на десятки лет назад.

"Гомо сапиенс"

Шимон Гарбер

Европа после Второй мировой войны

Генерал-полковник Иодль, от имени правительства Германии подписал акт о безоговорочной военной капитуляции (07.05.1945). Германия была оккупирована войсками стран победительниц: СССР, Великобританией, Францией и Америкой. Соглашение союзных держав предусматривало создание четырех зон оккупации. Впоследствии из этих зон образовались два государства – ФРГ на западе и ГДР на востоке.

Побежденная Германия лежала в руинах. Уничтожение транспортной инфраструктуры привело страну к экономической изоляции. Миллионы людей остались бездомными. Без финансовой помощи извне, восстановление хозяйства страны было невозможно.

Ликвидация последствий и разрушений войны потребовала восстановления экономики. План Маршалла (программа восстановления Европы после второй мировой войны), был предложен государственным секретарем Джорджем Маршаллом в 1947 году. Опасаясь усиления влияния коммунистов в послевоенной Европе, план был направлен на восстановление экономики, модернизацию промышленности, устранение торговых барьеров и развитие Европы.

Сумма ассигнований составляла около 13 миллиардов долларов.

СССР и созданные буферные социалистические государства (Страны Варшавского Договора) от участия в реализации плана Маршалла отказались.

Германии, в соответствии с планом Маршалла, за 4 года было выделено 3,12 миллиарда долларов. Канцлер Германии, Людвиг Эрхард считался создателем «новой Германии». Последняя так быстро поднялась из руин, что это называли «Немецкое чудо». Появившаяся дойчмарка (1948), впоследствии стала одной из самых стабильных валют мира.

Шимон Гарбер

EU - Европейский Союз

Идея создания общего европейского союза особенно громко стала звучать после Второй мировой войны. Союз был юридически оформлен Маастрихтским договором в 1992 году. 28 стран вошли в это экономическое и политическое объединение.

При всех очевидных выгодах такого мощного объединения европейских стран, возможно в подражание США, подобное объединение «богатых» и «бедных» стран выявило массу противоречий. ЕС не благотворительная организация. Её бюджет выражается в миллиардах евро. Бюджет формируется из взносов стран участниц (и не только). Понятно, что «богатые» платят больше, правда, утверждается, что они же извлекают больше выгод от общего рынка.

Но разногласия и внутренние проблемы стран-участниц, говорят о кризисе столь непропорционального союза. Первый и серьёзный конфликт произошёл после референдума в Великобритании, где большинство проголосовало за выход из Евросоюза (Brexit).

Последствия выхода Великобритании еще предстоит оценить в полном объёме.

Потрясший Европу миграционный кризис, внёс раскол между Центральной и Восточной Европой. Продавленные Германией, при поддержке Франции, обязательные квоты при приёме мигрантов, вызвали бурные протесты и возведение кордонов и границ. Несмотря на штрафные санкции и угрозы, большинство восточноевропейских и прибалтийских стран отказываются выполнять постановления ЕС. Экономические проблемы, курс национальных валют, доходы на душу населения, конкуренция за место в Европейском парламенте, проблемы национальных языков и национальные конфликты, все это только добавляет нарастанию проблемы выживания Евросоюза.

Канцлер Германии Ангела Меркель, возглавившая движение за привлечение мигрантов из Африки и арабских стран, сегодня уже признает, что такие «распахнутые двери» были ошибкой.

Возможно госпожа Меркель и ей подобные толерантные демократы предполагали, что вновь прибывшие облагодетельствованные мигранты заполнят малооплачиваемые и непрестижные рабочие места. Улучшат демографию старушки-Европы, теряющей население. Дети мигрантов должны будут получить престижные профессии и стать будущей интеллигенцией, голосующей за демократическое представительство в органах власти объединенной Европы. Ведь так же случилось в США, куда в XVIII - XIX веках хлынули волны иммиграции, несущие множество бедного люда, ищущего работу и новые возможности. Именно они сделали Америку столь могущественной и процветающей.

Но европейские господа толерантные демократы ошиблись. Волны Средиземного моря выплеснули на европейские берега мигрантов не ищущих тяжелую, малопрестижную работу. Они прибыли за благами, которые предоставляет европейским гражданам объединенный, демократичный Европейский Союз.

"Гомо сапиенс"

Мигранты требуют равных прав на пособия, жилища, медицинское обслуживание, возведение новых религиозных храмов и введение законов шариата в местах комплексного проживания. Они ничего не просят, они требуют, устраивая шумные шествия и сборища. Они громят стекла витрин и жгут автомобили. Они дерутся с полицейскими и прячут террористов. Они превратили спокойную и тихую Европу, в ночной кошмар, где перепуганные жители опасаются за свою жизнь.

Есть ли будущее у Европы? Сегодня вряд ли кто-то может с уверенностью это утверждать.

Шимон Гарбер

США И РАДИКАЛЬНЫЕ ДЕМОКРАТЫ

Эту страну чаше называют просто Америкой. Мало найдется людей, которые не хотели бы быть гражданами этой страны. Могущественный оплот демократии и равноправия людей всех рас, пола, возможностей, религиозных и сексуальных предпочтений.

Демократическая партия США, старейшая партия страны. Её символом является осел. 44-й Президент Обама являлся пятнадцатым выбранным демократом-президентом. Был явным радикалом, но, опасаясь не быть избранным, позиционировал себя центристом. Основатель партии Томас Джефферсон, вероятно, перевернулся бы в гробу, узнав как далеко влево ушла партийная идеология.

В XIX веке демократическая партия, отражая интересы южан, выступала против отмены рабства и выступала за расовое разделение. После проигрыша в Гражданской войне почти сорок лет партия находилась в упадке.

Республиканская партия основанная Авраамом Линкольном зачастую преобладала в законодательных штатах, Сенате и Конгрессе.

В 1963 году был убит харизматичный и популярный демократический лидер Джон Кеннеди. Заменивший его Линдон Джонсон, завязнувший в войне во Вьетнаме, проиграл выборы 1968 года.

Никсон получил 43,4% голосов, победив демократа Хэмфри. Никсон победил и в 1972 году. В 1976 году Ричард Никсон ушел в отставку в связи со скандалом «Уотергейт». Победу с небольшим преимуществом одержал малоизвестный политик демократ Джимми Картер. Последний не пользовался большой популярностью и проиграл 40-му Президенту США Рональду Рейгану.

Последний, хотя и вышел из среды Голливуда, но всегда интересовался социальными вопросами и политикой. Был радиоведущим, профсоюзным деятелем и 33-им губернатором штата Калифорния. Убежденный республиканец, хотя поначалу состоял в Демократической партии, назвавший СССР «Империей зла» и подготовивший развал последней. Выступал за снижение контроля государства над экономикой и боролся с высокими налогами федерального правительства.

Рональду Рейгану принадлежит цитата: «Правительство не является решением проблем, правительство само является проблемой».

Рейгановская экономика (которую демократы презрительно назвали «рейганомикой») принесла стране подъем и процветание. Федеральный подоходный налог снизился (верхний уровень - с 70% до 28%).

Пробыв два срока в Белом Доме Рональд Рейган уступил кресло президента своему вице-президенту Джорджу Бушу старшему.

При Буше старшем произошло падение Берлинской стены (1989) и спустя два года развал СССР. Буш совершил нелепую ошибку, а скорее, проявил слабость: подписал закон о повышении налогов, хотя перед этим клятвенно заверял избирателей: «Читайте по моим губам, нет новым налогам». Подписав закон о повышении налогов, он совершил политическое самоубийство и проиграл выборы никому не известному губернатору штата Арканзас, Биллу Клинтону.

Не соверши Джордж Буш старший своей трагической ошибки, возможно вся дальнейшая история США сложилась бы иначе. Но, как говорится, история не имеет сослагательного наклонения.

Во время президентских дебатов (1992), Джордж Буш старший, уже явно понимающий свое поражение, уныло обращался к аудитории: «Он придёт за вашими кошельками». Но его уже никто не слушал. Молодой, энергичный, улыбающийся кандидат, умеющий долго и красноречиво владеть вниманием аудитории, легко раздавал обещания, которые даже не собирался выполнять.

Во время президентских дебатов большая часть страны напряжённо наблюдала по телевидению прения сторон. В одном из баров в районе Уолл-стрит я разговорился с молодым человеком, который, судя по разговору, был сторонником Буша старшего.

— Как ты думаешь, может этот человек,

говорящий, как любой социалист в России, во время выборов дающий лживые обещания, может выиграть у Буша?

— Я даже не сомневаюсь, хотя бы потому, что Буш солгал американскому народу.

— Да, это так. Но как можно такого типа, как Клинтон, подпускать к власти?

— Америка сильная страна. Она легко перенесёт 4 года правления такого, как Клинтон.

Мы были молоды и наивны. Действительно, что можно сделать с такой страной как Америка.

Билл Клинтон, претендент от Демократической партии, стал 42-м президентом США. С приходом в Белый Дом супружеской пары Клинтонов начались кардинальные изменения. Основная идея новых хозяев Белого Дома, необходимость перемен и смена поколений в руководстве страны. Привлечение к власти молодых людей, разделяющих принципы демократов и осознающих «новую ответственность». Хиллари Клинтон была назначена главой специальной комиссии по реформам здравоохранения. Предложенная Клинтонами реформа потерпела катастрофическую неудачу.

В 1996 году тандем Клинтон-Гор успешно выиграл второй срок президентства.

Министр обороны получил распоряжение о подготовке приказа, отменяющего запрет на прием гомосексуалистов в армию. Критика республиканцев, военных и части демократов заставила Клинтона отменить данное решение, но выход был найден. Новый указ запрещал спрашивать вступающих в вооружённые силы о сексуальной ориентации. Этот указ получил название «не спрашивай, не говори».

В 1998 году разразился грандиозный сексуальный скандал Клинтон-Левински, связанный с 49-и летним президентом и 22-х летней сотрудницей Белого Дома, Моникой Левински. Попытку импичмента, дачу ложных показаний под присягой, препятствование правосудию – обсуждала вся страна. Билл Клинтон отделался лишением лицензии на юридическую практику и оштрафован на $90 000 за дачу ложных показаний. Хиллари Клинтон поддерживала своего мужа на протяжении всего скандала, заявив: «…против моего мужа…существует широкомасштабный правый заговор».

Телевизионное шоу-позорище о президенте страны обсуждала вся страна, под присягой утверждавшего об отсутствии сексуальных контактов со стажёркой в Белом Доме. Знаменитое «платье Левински» со следами спермы президента вынудило конгресс предпринять попытку процесса импичмента за дачу ложных показаний и неуважение к суду. Скандал под названием «Моникагейт» обсуждался практически во всех изданиях СМИ. Палата представителей Конгресса США оправдала Билла Клинтона по всем пунктам акта об импичменте, оставив последнего в должности президента США.

Уличенный во лжи, Билл Клинтон сделал заявление по национальному телевидению, признав отношения с Моникой Левински и охарактеризовав их как «неподобающие».

Помимо скандала с Моникой Левински, еще несколько женщин заявили о неподобающем поведении Билла Клинтона, когда он был в должности губернатора штата Арканзас.

В августе 1988 США нанесли ракетные удары по афганским базам Аль-Каиды. Средства массовой информации обвинили президента в использовании атак, как отвлекающий маневр от сексуального скандала. Незадолго до этого вышел фильм, который можно перевести как «хвост вертит собакой», в котором вымышленный президент США выдумывает войну в Албании, чтоб отвлечь внимание от сексуального скандала. Администрация эти слухи опровергала.

В марте 1999 авиация НАТО во главе с США начала массированные бомбардировки Югославии. Сухопутные войска НАТО вошли на территорию Сербии.

Хиллари Родэм Клинтон – супруга Билла Клинтона. Получила степень доктора права в 1973 году. По мнению многих являлась самой влиятельной Первой леди в истории Белого дома. Амбициозная, финансово независимая Хиллари принимала активное участие в политической жизни страны.

Про Билла Клинтона бытовала шутка, называвшая его Биллари. Другой анекдот рассказывал о президентской паре следующее: «Билл и Хиллари подъезжают на заправку машин. Хиллари: "Видишь парня, заправляющего автомобили? Был когда-то мой бойфренд". Билл: "Видишь, сегодня ты Первая леди, а если бы вышла замуж за этого парня, работала бы на заправке автомобилей". Хиллари: "Если б я вышла за этого парня, он сегодня был бы президентом страны, а ты работал бы на заправке"».

Хиллари возглавляла комитет по реформированию системы здравоохранения. Попытка потерпела неудачу. Пришлось уйти в отставку с этого поста. Но амбиции толкали эту энергичную женщину искать возможности вернуться на вершину пирамиды. Поскольку репутация Била Клинтона была подорвана, и многие женщины считали его лжецом и сексуальным беспринципным «охотником», Хиллари приняла на себя решение карьерных проблем. Дальше мы можем только гадать, что было решено на семейном совете и как это решение претворялось в жизнь. Для Билла Клинтона после окончания второго срока полномочий президента (2000 г.) будущее представлялось туманным. Возвращаться в захолустный Арканзас, после 8 лет в Белом доме желания явно не было. Хиллари мечтала вновь стать хозяйкой Белого дома, но, не имея политического опыта, на победу в президентской гонке рассчитывать не приходилось. Вероятно, было решение выдвинуть Ала Гора как следующего президента, и параллельно

Хиллари будет баллотироваться в Сенат США.

Баллотироваться от штата Арканзас могло быть проблематичным, и чета Клинтонов меняет место жительства на штат Нью Йорк. По слухам, «друзья» Клинтонов скинулись и купили им дом в дорогом пригороде Нью Йорка. Став жителем штата в 2000 году Хиллари Клинтон избирается сенатором от штата Нью Йорк. Ал Гор проиграл в тяжелой борьбе за президентское кресло Джорджу Бушу младшему. Ал Гор оправдывал свое поражение плохой репутацией Билла Клинтона, своего бывшего босса, и неудачной работой Хилари Клинтон над всеобщим медицинским страхованием, которое прозвали «Хилларикер». Сама Хиллари уверенно выиграла перевыборы в Сенат в 2006 году.

Приближалось начало президентской гонки 2008. Хиллари являлась одним из самых известных кандидатов от демократической партии. Многие избиратели относились с подозрением к паре, их подозревали в непотизме (коррупции) и мафиозном засилье узкого круга крупного капитала. Хиллари попыталась изменить свой публичный образ холодной и расчетливой леди на более мягкий, материнский. Новый кандидат Барак Обама вступил в гонку. Демократы поддержали Обаму, и Клинтон была вынуждена заявить о поддержки кандидатуры Обамы.

После победы Барака Обамы на президентских выборах 2008 Хиллари Клинтон был предложен пост Государственного секретаря США (министр иностранных дел).

Барак Обама 44-й президент США (2009 - 2016). Родился в 1961 году в Гонолулу, Гавайи США. Во время его двух президентских сроков ходили упорные слухи о возможной подделке сертификата о рождении и, следовательно, отсутствия у него права быть избранным на должность президента США. Злые языки также утверждали, что Барак Хусейн Обама тайно исповедует ислам, хотя и представляется протестантом-христианином. Отец – Барак Хусейн Обама-старший, кениец. Мать – Стенли Энн Данхем, насчитывала среди своих предков англичан, шотландцев, ирландцев. Родители Обамы развелись, и мать вышла снова замуж за индонезийца –

Лоло Сутро. Семья уехала в Джакарту, Индонезия. Когда Обаме исполнилось 10 лет он вернулся в Гонолулу, где жил у родителей матери.

В своей книге «Мечты моего отца», Обама вспоминал о своем детстве. Во время президентской избирательной кампании, он признался, что в школе курил марихуану, принимал кокаин и алкоголь, охарактеризовав это как свое самое низкое моральное падение.

Учился в Колумбийском университете и поступил в школу Гарвардского университета. Стал первым афроамериканцем-редактором Гарвард Ло Ревю.

В 1966 году избирается в Сенат штата Иллинойс. В 2004 году вступил в борьбу за одно из мест в Сенате США от штата Иллинойс.

Приведённый к присяге новый сенатор, стал пятым сенатором-афроамериканцем США в истории страны.

В 2007 году заявил свою кандидатуру на пост президента США. Собрал 36,8 миллиона долларов на предварительных выборах кандидатов в президенты от Демократической партии.

После недолгой борьбы Хиллари Клинтон

сняла свою кандидатуру, объявив о своей полной поддержке кандидатуры Обамы.

Обама уверенно одержал победу, так же и в тех штатах которые считались традиционно республиканскими. Победа Обамы вызвала случаи проявления религиозной и расовой ненависти. Африканские страны, так же как и страны Ближнего Востока, испытывали эйфорию.

В 2009 году получил Нобелевскую премию мира за «укрепление международной дипломатии и сотрудничества между людьми».

В феврале 2009 года Обама подписал акт, направивший в экономику $787 миллиардов экономической помощи от мировой финансовой депрессии.

В марте, секретарь Казначейства, Тимоти Гейзнер, сделал дополнительные шаги для предотвращения финансового кризиса, представив Общественно-частную инвестиционную программу для «Legacy Assets», содержащую положения для покупки жилья на два триллиона долларов в обесцененных неблагополучных районах.

Обама вмешался в лихорадивший автомобильный бизнес, возобновив займы для Дженерал Моторс и Крайслер для реорганизации бизнеса. Обе эти компании все-таки потерпели банкротства, и были проданы иностранным инвесторам.

Государственный долг вырос до $17.2 триллиона к февралю 2014 года.

В 2010 году состоялись промежуточные выборы в Конгресс США. Демократическая партия потеряла 63 голоса и контроль в Конгрессе.

В 2009 году Обама предпринял попытку диалога с Арабскими лидерами. Он дал интервью Арабскому ТВ «Аль Арабия». В дальнейших попытках переговоров с мусульманским миром Обама отправил новогоднее видео сообщение к населению и лидерам Ирана. В апреле Обама выступал в Анкаре, Турция. В июне 2009 Обама выступил в Каире, Египет, назвав это «Новая эра» между исламским миром и США.

В марте 2010 года Обама выступил против планов правительства Израиля и его премьер-министра Биньямина Нетаньяху о продолжении строительства в Восточном Иерусалиме.

23 декабря 2016 года администрация Обамы (США) воздержалась от голосования, при принятии Юнайтед Нэйшен Секьюрити Консул (Совет безопасности ООН) резолю-

ции 2334, запрещавшей Израилю строительство зданий на территориях, населенных арабами, как нарушение международного законодательства.

В августе 2011 года разразилась Гражданская война в Сирии. Обама призвал Асада уйти в отставку.

В 2010 году добился принятия закона о здравоохранении, названным «Обамакер».

В 2011 году распорядился отправить в Ливию, в составе НАТО, американских солдат.

В 2012 году выставил свою кандидатуру на второй президентский срок.

После победы на выборах Обама столкнулся со множеством проблем, которые негативно отразились на его имидже. Нападение на Консульство в Бенгази и гибель четверых американских граждан вызвали гнев и раздражение. Неудача с системой здравоохранения, скандалы вокруг разоблачений Эдварда Сноудена только усилили эти настроения.

Администрация Обамы в 2013 году направила доклад в Высший Суд США с инициативой снять запрещение с закона о браке между лицами одного пола.

Однополые браки были легализированы в 2015 году.

Обама инициировал дискуссию о глобальном контроле климата, что привело в 2015 году к подписанию Парижского договора.

В ноябре 2013 года, Администрация Обамы начала переговоры с Ираном, пытаясь предотвратить создание Ираном ядерного оружия и средств доставки на дальние расстояния. Переговоры продолжались два года, и сделка была одобрена к 15 июлю 2015 года. Это получило название «Joint of Action», предусматривающее отмену санкций в обмен на ограничения, которые не позволят Ирану создавать ядерное оружие.

Сделка встретила множественную критику как со стороны республиканцев, консервативных лидеров, так и со стороны израильского премьер-министра Нетаньяху.

В 2016 году проталкивал «ядерную сделку с Ираном».

Нормализовал отношения США с Кубой.

Президент Обама объявил 17 января 2016 года об освобождении пяти американских пленных, как результат многократных переговоров. По поводу переговоров по «ядерной сделке», президент объяснил, что дипломаты во главе с Государственным секретарем Джоном Керри, сделали все для освобождения пленных. Поскольку подошло время вернуть Ирану деньги, заплаченные еще свергнутым Шахом Ирана за поставку вооружения, которое так и не было поставлено из-за революции 1979 года.

— Теперь, — заметил президент Обама, — США возвращает давно «замороженные фонды» Ирану.

«Долг» Ирану составлял $400 миллионов плюс $1,3 миллиарда проценты. Правда существовало другое мнение, что это Иран возможно должен США миллиарды долларов, поскольку в 2000 году президент Билл Клинтон подписал акт о замороженных иранских фондах, которые не могут быть возвращены, пока не выяснится судебное решение по поводу иска «США против Ирана», в связи с террористической атакой против американских граждан.

$1,7 миллиарда выплата, скорее, похожа на выкуп – наличными деньгами. Большой самолёт, груженый $400 миллионов обменянными на евро, швейцарские франки и другую валюту приземлился в Тегеране. Вскоре еще

$1,3 миллиарда наличными были отправлены в Иран.

Несмотря на безуспешные многочисленные слушания в Конгрессе и требования провести расследование этого беспрецедентного скандала, все еще существует надежда на беспристрастное разбирательство этой, позорной для американского правительства, сделки эры Барака Обамы.

Барак Обама поддерживал Хиллари Клинтон во время борьбы за президентское кресло в 2016 году. Для обоих эта поддержка была чрезвычайна важна. Для Обамы победа Хиллари Клинтон означало поддержку всех его инициатив и подтверждение правильности его курса. Победа Трампа означала поражение Барака Обамы, отмена его многочисленных реформ и преобразований за восемь лет. Провалившаяся реформа здравоохранения, колоссальный рост государственного долга США. В международной политике провал на Украине, «ядерная сделка» по Ирану и просчеты по Сирии.

Победа Трампа — это главная неудача Барака Обамы как президента. Демократическая партия, как и Барак Обама, были абсолютно уверены в победе Клинтон. Все наследие Барака Обамы как президента оказалось под угрозой критики и расследований.

Президентство Обамы все восемь лет расшатывало систему сдержек и противовесов созданную отцами – основателями, федерального демократического государства. Государственный долг и торговый дефицит, беззакония в верхних эшелонах силовых структур. Назначения глав департамента юстиции, ФБР, ЦРУ, Государственного департамента, DNI (департамент национальной разведывательной службы?), глав различных ведомств происходили с учётом приверженности либеральным ценностям и лично президенту.

Существует мнение, подтверждённое перепиской юриста ФБР Lisa Page к сотруднику Peter Stroke, с которым её объединяли более чем дружеские отношения: «Потус хочет знать все... Ведь Клинтон не может проиграть?» (Потус – сокращенно – президент США).

Ответ: «Нет. Шансы 100 миллионов к 0. Мы этого не допустим».

Барак Обама знал все.

"Гомо сапиенс"

Шимон Гарбер

Знакомьтесь: Хиллари Клинтон

Вокруг Хиллари Клинтон возникало множество различных скандалов. Во время разразившегося скандала «Моникагейт», она поддерживала своего мужа, солгавшего под присягой. Хиллари Клинтон имела множество друзей среди звезд Голливуда. Скандальный продюсер Вайнштейн, пожертвовал $26 тысяч на её кампанию. Кевин Спейси числился большим другом семьи Клинтонов, что оказалось впоследствии очень некстати. В компании по выдвижению Хиллари Клинтон в президенты участвовало множество видных звезд Голливуда.

Хиллари принимала участие в Уотергейтском скандале. Именно Хиллари готовила обвинительный акт, целью которого была отставка Ричарда Никсона.

Скандал с фирмой Вайтвотер, связан с «забывчивостью» списать с налогов сумму 25 тысяч долларов, потерянными Клинтонами в результате неудачной сделки с недвижимостью, которыми владела фирма Вайтвотер Девелопмент Ко. Клинтоны попытались незаконно списать налоговую скидку, но потом отрицали, препятствуя следствию. Партнером Клинтонов был некий Джим Мак-Дугала, владелец банка Мэдисон Гаранти. Банк обанкротился, а его капиталы каким-то образом пополнили счета Вайтвотер Девелопмент Ко.

Дело Вайтвотер совпало с самоубийством (1993 г.) семейного юриста Клинтонов, Винса Фостера. Разгорелся скандал, была создана должность независимого прокурора, но дело было закрыто за недостаточностью улик в 2000 году. Вообще, с четой Клинтонов связывают множество историй об убийствах и самоубийствах людей, так или иначе связанных с ними.

Шимон Гарбер

В бытность свою Первой Леди Хиллари была объектом нескольких расследований. США Офис Независимого Консулата, комитетов Конгресса и прессы. Это и дело Вайтвотер, которое началось с публикации в Нью Йорк Таймс. Возможный конфликт интересов Хиллари Клинтон, представлявшей юридические услуги в компании Роз Юридическая Фирма, Джиму и Сюзан Мак-Дугал, партнерам Клинтонов в инвестициях. Роберт Фиске и Кеннес Старр от Независимого Консулата выписывали Клинтон официальные судебные повестки для изучения финансовых документов, но последняя отговорилась незнанием того, где они могут быть. После двух лет расследования, записи были найдены в Белом доме. Хиллари Клинтон была единственной Первой леди, которой выписали повестку в суд, отвечать перед большим жюри. После многочисленных расследований следователями Независимого Консулата, был выпущен репортаж о недостаточных доказательствах, была ли Хиллари Клинтон вовлечена в уголовные преступления.

В мае 1993 года возник скандал, названный «Травелгейт». Офис путешествий при Белом доме разрешал друзьям Клинтонов из

"Гомо сапиенс"

Арканзаса бесплатно путешествовать вместо служащих Белого дома.

В марте 1994 года, репортёры обнаружили, что Хиллари Клинтон, инвестировав в 1978 - 79 годах $1000 в торговлю скотом, заработала $100 000. Такую необычную прибыль расценивали как взятку.

В 2001 году много говорилось о подарках, отправленных в Белый дом. Вопросы вызывала и мебель, поскольку часть мебели была отправлена в частный дом Клинтонов.

В 1996 году проводилось расследование о роли Хиллари Клинтон в увольнениях сотрудников Белого дома. В 2000 году рапорт офиса Независимого Консула заключил, что Хиллари была связана с увольнениями.

Документальный фильм «Америка Хиллари: Тайная история Демократической партии», вышел в 2016 году. Фильм получил премию «золотая малина», которую присуждают худшим произведениям. Ден Бонджино проследил связь между Байденом, Хиллари и украинским олигархом Виктором Пинчуком. Он указал, что политики хорошо знали друг друга и неплохо зарабатывали в Украине. Главный скандал разразился из-за использования ею незащищенного личного почтового сервера для передачи конфиденциальной служебной информации. Когда потребовали передать все файлы для расследования, Хиллари Клинтон уничтожила более 35 тысяч файлов и все носители.

Хиллари Клинтон готовилась к борьбе за место президента США еще с 2003 года. В январе 2007 года она объявила о своем участии заявив:

— Я участвую, и я уверена в победе! Пара опубликовала декларацию о доходах, указав, что они заработали с 2000 года более $100 миллионов, благодаря книгам, выступлениям и участием в различных мероприятиях, все благодаря Биллу Клинтону.

Соперником Хиллари Клинтон от Демократической партии выступил сенатор от штата Иллинойс Барак Обама. Демократический съезд поддержал Барака Обаму. В июне 2008 года Хиллари закончила свою компанию взволнованной речью, поддержав Обаму. Поучив предложение о должности Государственного секретаря, Хиллари стала первой из бывших Первых Леди членом Кабинета США.

"Гомо сапиенс"

В новой должности, используя союзников США, Клинтон поддерживала Ливанских повстанцев, и Каддафи был убит, а его режим свергнут. Рассказывая об этом, Хиллари Клинтон с улыбкой добавляла:

— Мы пришли – он умер.

Гражданская война в Ливии разрушила страну, и все, что произошло потом, ещё является предметом разбирательства.

Во время сирийской гражданской войны администрация Клинтона и Обамы уговаривала сирийского президента Башара Асада согласиться с необходимостью реформ, но, когда насилие правительственных войск усилилось, предложили Ассаду отказаться от президентства.

Хиллари Клинтон в своих выступлениях всегда пропагандировала то, что назвали «Хиллари Доктрина». Хиллари выступала за: «права геев и права человека», «усиление прав женщин, меньшинств, поддержка против расовых и религиозных предрассудков».

В сентябре 2012 года дипломатическая миссия США в Бенгази, Ливия, была атакована. Погибли американский посол Кристофер

Стивенс и еще трое американцев. Эта трагедия вызвала множественные вопросы о надёжности охраны американских консульств и официальных представителей страны. В октябре Хиллари Клинтон приняла на себя ответственность за ошибки, объясняя их неизбежными последствиями войны и хаосом в этих обстоятельствах.

Давая объяснения в комиссиях Конгресса, относительно атаки в Бенгази, она защищала свои действия во время инцидента, принимая на себя ответственность и в тоже время объясняя, что она не имела прямого отношения к конкретным деталям создания охраны консулата. Конгрессмены республиканцы обвиняли Госсекретаря в «неточностях», высказанных после атаки. В ответ Клинтон разразилась тирадой, защищая свою позицию и высказывая мысль о том, что нет смысла копаться в случившемся, после смертей американцев. Сейчас надо сосредоточиться на том, чтобы этого не случилось впредь. В октябре 2015 года, при очередном разбирательстве трагедии в Бенгази, Комитет составил финальный репортаж, с новыми деталями об атаке в Бенгази.

"Гомо сапиенс"

В марте 2015 года, появились сообщения о частном сервере Клинтон, пользующейся незащищенной электронной почтой, вместо государственной, при отсылке электронной почты во время пребывания на посту Государственного секретаря. Атака американского консулата в Бенгази вновь вызвала слушания в Конгрессе. ФБР начало расследование, связанное с секретностью переписки, имевшей место на частном сервере. Газета Нью Йорк Таймс 15 февраля 2016 года опубликовала статью, утверждающую, что 2100 электронных писем, сохраненных на сервере Клинтон, были отмечены как секретные. В феврале 2016 года Хиллари Клинтон во время президентских дебатов с Берни Сандерс сказала:

— Я никогда не посылала и не получала никакой секретный материал – они задним числом перевели эти письма в секретные.

В июле 2016 года Клинтон заявила:

— Я хочу повторить то, что я повторяла много месяцев теперь, я никогда не получала и не отправляла никакого материала, который был помечен как секретный.

5 июля 2016 года, директор ФБР Джеймс Коми доложил о результатах расследования:

— 110 электронных писем в 52-х цепочках были классифицированы как секретные, когда отправлялись и получались. Восемь из этих цепочек сообщений, классифицированы как «совершено секретные», в то время, когда они отправлялись. 36 цепочек сообщений содержали государственные секретные информации в это время с невысоким грифом секретности. Отдельно от предыдущих, еще около 2000 дополнительных электронных писем были с грифом «высокая секретность», что указывало на конфиденциальность. Информация об этих письмах не была секретной, когда эти сообщения отправлялись.

Расследование нашло, что Клинтон использовала её частный сервер интенсивно, даже во время пребывания вне страны, отправляя и получая письма, связанные с её должностью. ФБР отметило: «возможно, что посторонние соискатели секретной информации могли иметь доступ к частной переписке Государственного секретаря Хиллари Клинтон. ФБР рекомендует министерству юстиции: «не начинать процесса обвинения в этом случае».

"Гомо сапиенс"

В июне 2016 года Билл Клинтон встречался с главой министерства юстиции Лореттой Линч.

Беседа происходила в аэропорту Феникс Скай Харбор, на борту её частного самолёта, поздно вечером.

На вопросы к Лоретте Линч по поводу этой, поздним вечером, встрече, ответ был простой:

— Мы беседовали о наших внуках.

Позже Джеймс Коми рассказал, что получил от Лоретты Линч указание называть расследование с электронной почтой Хиллари Клинтон, «matter». Что могло означать случай, вопрос и т.д.

Конгресс выписал повестку на имя Хиллари Клинтон с требованием предоставить всю электронную почту, сервер и все, что связанно с этим.

Хиллари Клинтон вместе со своими сотрудникам уничтожила 33 тысячи электронных писем и все, что могло попасть в руки следствия.

ФБР начало расследование. Полученный хард драйв, был впоследствии был уничтожен самими сотрудниками ФБР, вопреки полученной судебной повестке.

Джеймс Коми выпустил заявление об окончании следствия по поводу частной электронной почты Хиллари Клинтон.

Фонд Клинтонов:

Билл, Хиллари и их дочь Челси в 2013 зарегистрировали названный некоммерческий фонд, который призван: «усилить способность людей в США и во всем мире решать задачи глобальной взаимозависимости». Заявленный как некоммерческая организация, фонд освобождался от налогов, но мог собирать денежные средства в виде пожертвований. Включая 2016 год, фонд сумел собрать $2 миллиарда. Пожертвования получены от американских и иностранных корпораций, иностранных правительств, политиков, разных групп и частных лиц. Клинтон фонд создал свою программу помощи гуманитарным движениям.

В 2016 году ФБР выпустило заявление о расследовании обвинений в коррупции

"Гомо сапиенс"

данного фонда и возможных финансовых криминальных нарушениях, а также о возможных неправомерных использованиях фондов организаторами.

Хиллари Клинтон стояла за урановой сделкой США с Москвой. Комитет по разведке и надзорный комитет Палаты представителей США проводит расследование урановой сделки с Россией, заключенной в 2010 году. Сделка о переходе канадской уранодобывающей компании «Ураниум Один» под контроль российской госкорпорации «Росатом». Сделка одобрена администрацией Барака Обамы, Хиллари Клинтон занимала пост Госсекретаря США. Клинтон обвиняли в том, что она отдала 20% американского урана России. В последствии компания «Росатом» купила 100% акций компании «Ураниум Один», ведущих добычу урановой руды в различных странах. Подобная сделка должна была пройти проверку надзорных органов США и слушания комитета в Конгрессе.

Президентом был Барак Обама, а директором ФСБ(ФБР?) Роберт Мюллер. Этот самый Мюллер стал впоследствии Спецпрокурором, расследующим дело «Рашагейт».

ФБР выяснила, что Россия направила 140 миллионов долларов в «Фонд Клинтонов».

После объявления Россией о намерении приобрести большой пакет акций «Ураниум Один», Билл Клинтон получил за лекцию в Москве $500,000. Газета Вашингтон Пост опубликовала доходы Клинтона от лекций за период с 2001 по 2012 годы в размере $104 миллиона. Хиллари Клинтон в эти же годы занимала федеральные посты.

В апреле 2015 года Хиллари Клинтон объявила о выдвижении своей кандидатуры на пост на президентских выборах 2016 года от Демократической партии.

Она вне всякого сомнения была самым популярным кандидатом демократов. Победив соперника Берни Сандерса, она объявила кандидатом в вице-президенты США от Демократической парии сенатора от штата Виргиния Тимони Кейн.

8 ноября 2016 года состоялись выборы. Хиллари Клинтон потерпела поражение, победил Дональд Трамп.

Поражение кандидата от Демократической партии, первой женщины, претендовавшей на высшую должность в США для воспринялось многими как величайшая трагедия. Во множественных уголках страны, где приверженцы демократов собрались отмечать столь значимое мероприятие, где были приготовлены бокалы для шампанского, яркие декорации и не менее яркие тосты и речи, началась настоящая истерия. Экзальтированные женщины рыдали в голос, да и мужчины едва сдерживали рвущиеся из груди всхлипывания. Такой удар воспринимался, как конец света, предательство идеалов и потеря смысла жизни. Лидеры Демократической партии, представив, что их ждет в ближайшее время, уже обдумывали, как бороться и избежать всех этих потрясений, которыми грозит этот, абсолютно непредсказуемый, новичок в политике, несущий явную угрозу, такой славной, налаженной жизни в верхних эшелонах правительственной власти, всеми уже ненавидимый Трамп.

Противники Трампа были не новички, попавшие вдруг в неожиданную ситуацию, это были повидавшие всяких противников матерые политики. Они умели бороться за свое, принадлежавшее им право на Олимпе власти. Путь был один, борьба против посягательств на выстраданное в непростой борьбе славное существование, следовательно, Трамп должен быть повержен. В такой борьбе все средства оправданы.

Получившая название «Deep State» - скоординированная группа государственных служащих высшего уровня, влияющая на политику в США. К этой группе принадлежит: США DOJ (министерство юстиции), ФБР (федеральное бюро расследования), ЦРУ (центральное разведывательное управление), МНБ (министерство национальной безопасности), ДНР (директор национального разведывательного агентства, занимающегося прослушиванием телефонных разговоров). Джеймс Клаппер с 2010 по 2017 год являлся директором этого агентства. Ему приписывают славу передачи в ФБР пресловутого «досье», сочиненного английским шпионом Cristopher Steele, оплаченного Хиллари Клинтон, предъявленного федеральному судье (FISA) для получения разрешения на прослушивание разговоров окружения Трампа.

Президентство Трампа представляло для руководителей этих ведомств несомненную угрозу, поскольку Трамп в своих предвыборных речах обещал «Drain Swamp» (осушить болото Вашингтона) и покончить с коррупционной цепью между обладающими властью политиками и различными силовыми структурами.

DNC (Национальный комитет Демократической партии США), выдвижение Трампа представляло прямую угрозу. Когда ясный и понятный, свой политик, Хиллари Рэндом Клинтон, на которую было столько надежд и в победе которой были уверены, непонятно как проиграла, все сделалось таким зыбким и непредсказуемым.

Хиллари Клинтон отправила, занявшей кресло председателя DNC, Донна(е) Бразил письмо, содержавшее недвусмысленный текст:

«Он (Трамп) может устроить на нами "суд Линча". Ты лучше бы сделала с этим что-то сейчас».

Шимон Гарбер

Политика встречается с идеологией

В США политику определяют две ведущие партии, Демократическая и Республиканская. Есть масса других партий, со своей идеологией и своими сторонниками, но они недостаточно популярны, чтобы реально бороться за власть. Отцы-основатели создали эти партии, конституцию страны и, главное, систему сдержек и противовесов, должную противостоять возможности сосредоточить власть в одних руках, тем самым исключив возможность появления тирании. Страна процветала, привлекая все новых иммигрантов, ищущих свободу и новые возможности. Свободное предпринимательство, являющееся краеугольный камнем построения этого общества, сделало эту страну самой богатой и могущественной страной в мире. Декларация Независимости была подписана в 1776 году

"Гомо сапиенс"

04 июля. За неполные 250 лет страна сумела обогнать все другие страны в развитии и стать мировым лидером.

Нужны ли другие доказательства, что система свободного предпринимательства, капиталистическая идеология, капиталистическая экономическая модель, базирующаяся на производстве продукции и извлечении прибыли работает, создавая рыночную экономику.

Критицизм капиталистической экономики и свободного рынка, сводится к аргументам о сосредоточении влияния относительно небольшого класса богатых капиталистов, которые эксплуатируют социальный класс, сосредоточив власть и богатство в своих руках.

Защитники капитализма говорят о том, что свободный рынок с его конкуренцией заставляет производить лучший продукт, продвигать инновационные технологии, распределять доходы среди более трудолюбивых и талантливых, увеличивать экономический рост и процветание, что в конечном итоге служит на благо обществу.

Для демократов все эти рассуждения о

капиталистических капитанах свободного рынка, накапливании капитала и радости от создания грандиозных проектов с риском потерять все созданное таким трудом, представляются фальшивым и надуманным. Жизнь хорошую и красивую можно создать другим путем. Не работать тяжело, упорно преодолевая тяготы и создавая что-то, что может через много трудных и рискованных лет, привести к намеченной цели. А может и не привести. Молодость дана для того, чтобы обеспечить старость. Ну это для неудачников и дураков. Молодость – для того, чтобы получать все удовольствия от жизни. Сегодня, а не когда-то, когда уже все становиться малоинтересным и ненужным.

Демократическая – читай сегодня социалистическая – идеология предлагает простой, доступный и понятный путь наверх. На вершины власти, где все преимущества и возможности доступны не только счастливчикам, умным и талантливым, но и обычным, посредственным. Нужно уметь быть нужными. Даже необходимыми. Делать черновую работу, восхищаться и превозносить того, кто тебя приблизил и позволил быть рядом. Уметь вовремя говорить умные слова и понимать свое место в иерархии. Разделять простую и понятную идеологию, отнять и поделить. Если не все, это слишком революционно, то обложить данью, то есть налогами, чтоб эти все капиталистические капитаны и акулы бизнеса понимали – им разрешено наживать капиталы, за это надо платить, и платить щедро.

До победы Трампа на президентских выборах 2016 года казалось, что еще одна великая держава (вслед за Европой) США, стремительно летит в глубокую яму социалистических идей. Платформа Демократической партии становится все больше радикально-социалистической. Вновь избранные члены конгресса и вовсе ближе к коммунистам, чем к социалистам. Они требуют увеличение налогов на богатых до 70%, а то и до 90%, всеобщего бесплатного медицинского обслуживания, бесплатного обучения в школах и вузах, гарантированный доход каждому, работающему или не работающему.

В Белом Доме много лет хозяйничали социалисты. Восемь лет пребывания на посту президента Билла Клинтона, затем его сменил республиканец Джордж Буш Младший, которому фантастично не повезло.

Шимон Гарбер

Чудовищный террористический акт 11 сентября 2001 года, спланированный и оплаченный возглавлявшим радикальную исламскую террористическую группировку «Аль-Каида» Усамой бен Ладеном. Девятнадцать террористов-смертников, вооружённых ножами, захватили 4 самолёта с пассажирами и направили их на уничтожение символов американской демократии: двух высотных зданий Всемирного Торгового Центра, Капитолия и здания Пентагона.

Первый самолёт с пассажирами и террористами-смертниками на борту, врезался в одно из 110-и этажных высотных зданий башен-близнецов. Началась паника, поскольку никто не понимал что произошло. Никто не мог поверить, что вот так легко и просто какие-то террористы смогли угнать пассажирский самолёт и направить в «сердце» Манхэттена, взорвать здание ВТЦ. До тарана второго высотного здания башен-близнецов, самолётом с пассажирами и террористами смертниками оставалось 15 минут.

Много позже циркулировали слухи о том, что Секретная Служба усадила президента Джорджа Буша младшего в правительственный самолет и подняли его в воздух. Приходили различные сообщения, в том числе и с мобильных телефонов захваченных пассажиров. Становилось понятно, что это спланированная террористическая атака. Военные предлагали сбить второй самолёт, летевший к Манхеттену. Президент должен был отдать приказ, но Джордж Буш не мог этого сделать, мотивируя тем, что на борту находятся американские граждане.

Третий самолёт, долетев до здания Пентагона, где размещалось министерство обороны США, врезался в фасад здания. Жертвами террористического акта стали 125 человек и 64 пассажира авиалайнера. Причинены значительные разрушения.

Четвертый самолёт, захваченный террористами смертниками направлялся к зданию Капитолия. Герои-пассажиры и команда авиалайнера оказали террористам сопротивление и самолет врезался в пустом поле в землю. Все погибли.

Всего в результате террористической атаки погибло более 3000 человек.

Шимон Гарбер

Новая-старая религия – Демократия

Демократическая партия с середины 19 века сместилась в сторону социально-либеральных и прогрессивных позиций. Соответственно изменился и электорат партии. Из борца за сохранение рабства, Демократическая партия превратилась в борца за социальные нужды, повышение налогов, права сексуальных, расовых и всех прочих меньшинств.

Демократия – это диктат большинства, меньшинству. Даже если большинство это 50,1%, а меньшинство в 49,9%, оно обязано жить по правилам продекларированным большинством. Вероятно это несправедливо, но на сегодняшний день еще никто не придумал идеологию или систему, которая может заменить демократическое общество. Демократия – это не изобретение современного общества. Человечеству это знакомо со времен Древней Греции и Римской республики. Те демократии отличались от современных, поскольку служили определенному классу. Рабы и женщины не могли принимать участие в принятии законов или дискуссий.

Что касается гомосексуализма, то это не являлось чем-то необычным или запретным. В Древней Греции и Риме это было обыденным явление. Относительно женского сексуального партнерства сведений практически до нас не дошло, если не считать упоминания об амазонках и острове Лесбос.

Завоевавшие мир авраамические религии крайне отрицательно относятся к сексуальным меньшинствам, мотивируя библейскими сказаниями о грехе Содома и Гоморры.

Идея всеобщего равенства преподается в школах, университетах, декларируется в голливудских фильмах, в средствах массовой информации. Демократы хотят социализма. Они уверены, что может быть социализм с человеческим лицом. Они не верят, что это уничтожит свободную Америку – образец для подражания всего цивилизованного мира.

Демократические правители довели

страну до чудовищных долгов, хотя еще сегодня, Америка остается самой могущественной страной в мире. Все без исключения страны, весь цивилизованный мир, надеется на защиту Америки от террористов и врагов современного мира. На помощь, которая может прийти от единственной страны в мире, в которой еще присутствует здравый смысл и желание противостоять силам зла. Президент Трамп пытается «сделать Америку великой опять», которой он так гордится и искренне любит. Демократы ненавидят все, чем гордится Трамп, и делают все, чтоб помешать ему добиться успеха в выполнении этой миссии.

Страна проголосовала за президента Трампа. Демократы не только противостоят всем его инициативам, но и пытаются всеми средствами, не брезгая даже откровенной ложью, свергнуть законно избранного президента, пытаясь прибегнуть к импичменту.

"Гомо сапиенс"

Спрашивается зачем? Ну это совсем просто. Вернуть власть, набрав больше голосов избирателей. Чем больше нелегальных эмигрантов, чьё незаконное пребывание в этой стране зависит от демократов, тем лучше: понятно, за кого они проголосуют. Среди более 20! кандидатов на пост президента от Демократической партии в 2020 году раздаются голоса разрешить нелегальным эмигрантам голосовать уже сегодня. А заодно и изменить конституцию, опустив возрастной порог для голосования до 16-ти летнего возраста. Расчёт на юный экстремизм и внушаемость. Какой поднялся шум среди демократов и ярко выраженных своей левизной средств массовой информации, когда Трамп предложил временно закрыть эмиграцию из 6-ти враждебных Америки мусульманских стран.

Мусульманские общины в местах концентрации последователей ислама, требуют введение законов шариата на этих территориях. Голливуд, с его традиционными либеральными взглядами, выступает едва не единым фронтом против политики Трампа. Блеск всего того, что происходит раз в году на Оскаре, затмевают выступления ведущих и награжденных, отвергающих традиционные американские ценности и призывающие ценить и награждать только тех, кто пропагандирует новых героев, дерзающих рассказать «правду» об «ужасах» капиталистической действительности. Премии вручаются фильмам, направленным против страны, в которой они живут, как инопланетные существа, в роскоши, не понимая как создаются ценности в этой стране. Они требуют всеобщего равенства, ни на йоту не уступая своих заоблачных гонораров и сказочной жизни.

Они и многие подобные им обвиняют Трампа в том, что он шоумен, женоненавистник, агент Кремля, в отсутствии президентского стиля. Кто как не представители Голливуда аплодируют и участвует в парадах, демонстрируя самые пошлые и отвратительные людские пороки. Кто сжигает перед Белым Домом американские флаги, под которыми американские юноши и девушки идут в бой и отдают свои жизни.

Стиль Трампа отличается от политкорректных лживых политиков, стоящих во главе нашего государства. Он говорит ярко, просто и понятно о традиционных американских

"Гомо сапиенс"

ценностях, о том, во что верит любой здравомыслящий человек. Об охраняемых границах страны. Об иммиграционных законах. О политике различных стран, много лет пользующихся глупостью, а может, и преступным желанием нажиться, политиков находившихся у власти в США многие годы. Ненавистники Трампа сегодня выступают единым фронтом. Не только демократы, но и отдельные республиканцы, ненавидящее Трампа, который пришел к власти и своими действиями может лишить их всего, ради чего они выбрали профессию политика в этой стране. Привилегии, возможности, финансовое благополучие, обеспеченная старость, безнаказанность, безопасность. И вероятно, самое главное, почти не скрываемое: глупость и никчемность выпирающая при каждом случае, которую занимаемые посты покрывают невидимой паутиной, скрывающей все недостатки так свойственные демагогам и болтунам. Всеми силами демократы держатся за свои места в Вашингтоне. Они готовы на любую ложь в борьбе против столь опасного для их существования президента Трампа.

В США прирост населения происходит в

основном за счёт переселения эмигрантов — латинос, мусульман, африканцев. Латиноамериканцы сочувствуют идеям социализма, и они в своих странах зачастую живут под властью диктаторов. Такие же настроения среди мусульман и эмигрантов из африканских стран.

Женщины, традиционно занимавшие роль жен и матерей, стали активными членами общества и в выборах в США участвуют наравне с мужчинами. Это завоевано, благодаря суфражисткам, добившихся права голоса для женщин в 1920 году. Постепенно женщины стали получать достойное образование и присоединились к мужчинам в областях, считавшихся исключительно мужскими. Поначалу это сотрудничество было здоровым. Но сегодня феминистки видят процесс продвижения женщин не как сотрудничество двух половин человечества, а как конкуренцию и даже как войну полов. Им удалось криминализировать неизбежный сексуальный фон, присутствующий при контактах мужчин и женщин.

Ведется повсеместная атака на презумпцию невиновности — основу западной юриспруденции. Женщины выступают с лозунгами вроде «мы верим выжившим», подразумевая подвергнувшимся сексуальным домогательствам. Простой флирт превратился в криминально-наказуемое преступление. Идут слушания по утверждению членом Верховного Суда Бретта Каваны. Сенат занят расследованием, связанным с голословным обвинением соученицы Бретта Каваны по Йельскому университету. Через десятки лет, она не помнила когда, где, с кем она была, но хранила в памяти возможное насилие. Никогда, никому об этом не говорившая.

Движение феминисток в США отличается крайней агрессией. После инаугурации президентом Трампа, тысячи женщин вышли на демонстрации протеста, напялив на головы розовые шапочки, символ женской сущности.

Ненавистницы президента Трампа, устремились во власть. К главным их темам – абортам, не ограниченным сроками, а также к социализму, добавился антисемитизм и ненависть к Израилю. В Конгрессе США появились новые молодые члены Демократической партии, мусульманки: Рашида Тлаиб и

Ильхан Омар. Самый радикальный член Демократической партии 29-летняя конгрессмен Александра Окасио-Кортез (АОК), выдвинувшая лозунг: «новая зеленая сделка». По её словам до конца света остаётся 12 лет, если не предпринять экстренных мер. Спасти планету может немедленное запрещение всех видов энергии, нарушающих экологию планеты. Запрет на полёты самолётов и езда на автомобилях. Среди самых курьезных запретов, решение вопроса с коровами. Последние нарушают экологию, производя неприличные звуки, нарушая экологию планеты. Плюс стандартные коммунистические лозунги: «Все бесплатно и для всех. Медицина, образование, гарантированная высокая зарплата всем, независимо работающим или нет, и многое другое».

Трамп, призывающий вернуть Америке утраченное ей величие (сделать Америку опять великой – MAGA), определил первоочередную задачу США – прекратить неконтролируемую иммиграцию сквозь её южную границу, огородив страну стеной. Этот проект вызвал яростное сопротивление Демократической партии, для которой бесконтрольный приток эмигрантов гарантирует электоральное большинство.

Демократы набрали на промежуточных выборах в Конгресс больше голосов, таким образом став большинством в Палате представителей. Место спикера Палаты представителей и большинства комитетов теперь заняли демократы. Они не скрывают своих намерений. Их задача любой ценой добиться отставки Трампа, включая импичмент. В крайнем случае полная дискредитация законно избранного президента, для устранения любой возможности Трампа избраться на второй срок.

Этого демократы не могут допустить. Трамп еще во время своей инаугурации заявил о готовности избираться на второй срок. Рушилось на глазах все, что было достигнуто с таким трудом, и виновник всего этого крушения торжественно вселился в Белый дом и еще отказался от какой-либо зарплаты, которая положена по закону президенту страны.

В мае 2017 года заместитель главного прокурора департамента юстиции Род Розенштейн посоветовал президенту Трампу уволить директора ФБР Джеймса Коми. Розенштейн согласился написать для президента меморандум, где жёстко критиковал Коми за неадекватное расследование дела Хиллари Клинтон и её частного сервера, использованного для секретной переписки во время пребывания на посту Госсекретаря США.

Президент США, вступая в должность, имеет право уволить любого государственного служащего при смене кабинета.

Оказалось, что это была простая «подстава». Последствия увольнения Коми не заставили себя ждать. Как говорят американцы: «all hell broke loose» вольный перевод, «весь ад вырвался наружу».

Средства массовой информации, гордо называющие себя четвёртой властью, обрушили на Трампа болото грязи, обвиняя во всех смертных грехах. Статьи в журналах и газетах, телевизионные каналы, за исключением 5 канала Фокс и нескольких «talk» шоу, подхватывали любые слухи порочащие президента Трампа и его семью. Это была объявленная война. Трамп называл все эти новостные выпады «Fake News» (фальшивые новости). Эта травля не прерывалась ни на день, невзирая на явные успехи администрации Трампа, практически во всех областях политики и экономики.

Демократы в Конгрессе и Сенате потребовали расследования выборов 2016 года, поскольку есть основания подозревать «руку Москвы, которая помогла Трампу выиграть выборы». Департамент Юстиции создал комиссию «спецпрокурора в лице бывшего директора ФБР, Роберта Свена Мюллера». При этом Главный прокурор DOJ Сешнз самоустранился от контроля за ходом расследования о предполагаемых связях предвыборной команды Трампа с Россией и передал все полномочия по созданию данной комиссии своему заместителю, Роду Розенштейну.

Комиссия Роберта Мюллера незамедлительно приступила к работе (2017-2019) наняв 17 человек, 13 из которых были зарегистрированными демократами.

Трамп назвал работу этой комиссии «Охота на ведьм».

Гораздо позже Трамп писал в Твиттере: «Базирующаяся на фальшивых обвинениях, связанных с прослушиванием работавшего в команде Трампа Carter Page и сфабрикованном, фальшивом досье изготовленным английским шпионом Kristofer Steele, проплаченным "жуликоватой Хиллари" и DNC. Неправомочно используя FISA Court warrant для шпионажа за моей президентской компанией...»

Что такое FICA Court? Это федеральный суд, выдающий разрешение на прослушивание иностранных шпионов внутри США. Это разрешение выдаётся на 90 дней и может быть продлено судьей на последующий срок при необходимости.

На практике, чаще это происходит гораздо проще. Судья просит подтвердить все ли перечисленное в заявлении правда и представляющий заявление на прослушивание, поднимает правую руку и клятвенно подтверждает изложенное подозрение. На этом слушание заканчивается.

Сегодня мы уже представляем как началась история «Рашагейт». James Robert Clapper Jr. Director of National Intelligence (его попросту называли главным шпионом), назначенец Барака Обамы, секретно встречается с давно уволенным Christopher Steele (английский шпион). Почему английский а не американский? Законы США запрещают шпионить за американскими гражданами без разрешения, выданного судьей FICA. Christopher Steele и Fusion GPS, частная следственная компания взялись изготовить некое «досье» на Трампа и его помощников, якобы встречавшимся с эмиссарами Кремля для переговоров о поддержке последнего в президентской гонке. Такое «досье» было изготовлено и оплачено Хиллари Клинтон, собиравшейся использовать это в ходе президентской кампании. Без этого досье заместитель директора ФСБ Andrew McCabe отказывался идти за получением FISA COURT warrant. Без чего нельзя прослушивать разговоры американских граждан.

Clapper получает желанное досье, знакомит с ним другого участника заговора Директора ЦРУ John O. Brennan и последний передает это в ФБР.

Cristopher Steele получает денежное вознаграждение за работу, и не проверенное и не подтвержденное «досье» становится неопровержимой уликой для получения FISA COURT warrant.

ФБР начинает прослушивания разговоров

кандидата в президенты США Дональда Трампа и его окружения.

Трамп прозвал этот неслыханный в истории заговор «Russian Hoax» - русский обман (мистификация).

Расследование Мюллера, получившее в прессе имя «Рашагейт», после двух лет расследования, потраченных более 30 миллионов долларов, допроса более 500 свидетелей, перелопатившее более миллиона страниц различных документов 22 марта 2019 года было официально закончено. Рапорт Мюллера, более 400 страниц текста был направлен новому Главному прокурору DOJ Вильяму Барру. Отредактированный рапорт был опубликован. Основной вывод, сделанной комиссией Мюллера: «Расследование не смогло установить, что члены команды Трампа координировались или сговаривались с представителями российского правительства во время президентской компании выборов 2016 года». Рапорт также не смог установить нарушения президентом юридических норм.

Демократы всех рангов и должностей разразились негодованием, обвиняя Мюллера, Барра и самого Трампа в сговоре, с целью ввести «американский народ в заблуждение». Мюллера и Барра демократы требовали вызвать повестками в Конгресс для дачи показаний под присягой и обязать предоставление Конгрессу полного, а не отредактированного доклада Мюллера, в полной уверенности, что там скрываются реальные факты виновности Трампа.

Мюллер и Барр предстать перед Конгрессом отказались, но Барр пообещал представить более полный доклад через небольшой срок.

Рапорт Мюллера, за исключением небольших редакций в соответствии с законом о неразглашении определенных деталей, был представлен Конгрессу. Результат не изменился. Это не могло удовлетворить обманутых в своих ожиданиях демократов, и они требовали вызвать повесткой Мюллера для дачи показаний, надеясь уличить последнего во лжи.

29 мая 2019 года, на публичной пресс-конференции Мюллер объявил о своем уходе из DOJ и закрытии офиса специального прокурора. Он повторил то, что было изложе-

но в его рапорте, назвал Россию виновной во вмешательстве в американские выборы. Далее он неожиданно заявил то, что опровергает выводы, изложенные в его рапорте: «Если бы я был уверен, что Трамп не совершал преступления, я так бы и сказал».

Мюллер подтвердил, что не собирается далее давать показания Конгрессу США.

Подобное заявление вызвало бурю эмоций со всех сторон. Все старались угадать, что же именно хотел сказать Мюллер и почему он сделал это заявление, так противоречащее его рапорту.

Демократы требовали от своих руководителей немедленно начать процесс импичмента президента. Заодно заставить Мюллера дать показания Конгрессу.

Казалось победа близка и все, о чем демократы мечтали последние два года, сможет осуществиться. Спикер Палаты представителей Нэнси Пелоси, не контролируя свою речь и странно размахивая руками, и её постоянный напарник, лидер меньшинства в Сенате Чак Шумер, смотрящий странно вбок, напоминая повадки хищной гиены, вслух поддерживая горячие головы, не могут не осознавать, что шансы добиться импичмента близки к нулю. Но, вероятно, можно серьёзно дискредитировать репутацию президента и тем самым уменьшить его шансы на перевыборы в 2020 году.

В близком окружении Нэнси Пелоси высказала желание увидеть президента страны «в тюрьме». Это стало достоянием гласности.

Америка заметно полевела. Отвергнуты традиционная мораль и семейные ценности. Новое поколение левых имеют свой, очень либеральный, взгляд на брак, на заботу об окружающей среде, усиление мер социальной защиты и достаточно негативно оценивают влияние крупного капитала на экономику.

Недовольство выказывают и «новые американцы», т.е. люди, которые по разным причинам не смогли построить у себя на родине государство и надеялись здесь получить все блага, которым пользуется население страны. Поскольку ожидания, как правило, отличаются от реалий, социалисты убеждают недовольных, что для гармонии бытия следует у богатых отнять и все поделить. Со временем мигранты становятся иммигрантами и, получив гражданство, чувствуют себя вполне комфортно, но далеко не все могут вписаться в новые обстоятельства, тяжёлый труд и финансовые обязательства. Богатое государство не должно бросаться на помощь. Каждый должен научиться бороться за свое место под солнцем, а не ждать подачек. Демократические идеи о равенстве при социализме находят все новых приверженцев.

В 1935 году социальная программа «велфер» появилась в США. Президент FDR (Франклин Делано Рузвельт) продавил через Конгресс систему прямой помощи нуждающимся (наличные деньги, фудстемпы – специальные купоны для покупки еды) и другие социальные программы. В 2018 году правительство США потратило на «велфер» $1,047 миллиарда.

Прекрасная идея помощи неимущим превратилась в «капкан велфера», как назовут это позже. Пропала персональная ответственность трудиться и зарабатывать деньги для семьи. В 80-х годах XX века молодые женщины, преимущественно незамужние афроамериканки, становились получателями программы «велфер», родив ребенка. При отсутствии мужа, такая неполная семья получала помощь «велфера» до совершеннолетия ребенка в 18 лет. Если ребенок учился дальше, семья продолжала получать пособия, по сути до конца жизни матери. Куда она могла пойти работать после 45-50 лет, не имея специальности и опыта работы. Социальная квартира, фудстемпы на покупку еды, небольшие наличные деньги, бесплатная медицинская страховка и прочие подарки системы, практически погубили не одно поколение, подсадив их «в капкан велфера». Целые городские районы были заселены этими, по сути выброшенными из жизни неполными семьями. Там процветали наркотики, криминал, алкоголь и мафиозные разборки. Фудстемпы продавались ниже номинала за наличные, для приобретения наркотиков.

Как только социалисты вмешивались в естественный эволюционный процесс развития человеческого общества, тут же начинался другой процесс, использование системы различными криминальными сообществами, что в конечном итоге выталкивало людей в нищету, зависимость и отсутствие желания бороться за свое место в жизни.

США, построенные и достигшие своего расцвета, благодаря европейским колонизаторам – предпринимателям и тем, кто хотел найти свою мечту на американской земле, не предлагалось никакого велфера или иных социальных программ – научили людей выживать в суровых условиях освоения нового континента.

Сегодняшние демократы мечтают о социалистическом государстве. Они хотят построить страну, где есть велфер – это социализм! Государство решает все – это социализм! Всеобщее принудительное медицинское бесплатное страхование — это социализм.

Восемь лет президентства Клинтона, по сути, уничтожившего имидж президентства, развязавшего войну в Югославии, в надежде погасить скандал с Моника Левински. Клинтон обрушил экономику страны, отправив производства в другие страны (NAFTA).

Последовали труднейшие восемь военных лет при президенте Джордже Буше.

В Белый дом вновь пришел президент-демократ Барак Обама, с Хиллари Клинтон в должности секретаря Госдепа. При нем страховые компании неплохо нажились на «Обамакер», а экономика превратилась в гирлянду мыльных пузырей, и фондовые рынки рухнули. Обама приказал включить печатные станки и напечатать столько долларов, сколько нужно банкам.

Война в Ливии, убийство американцев в Бенгази, «арабская весна» и полнейший хаос на Ближнем Востоке – результат демократического правления Барака Обамы вкупе с Хиллари Клинтон.

Главный скандал пребывания Обамы у власти, еще ждет своих разоблачителей. Продажа России 20% добычи американских запасов урана, коррумпированность всех ветвей властных структур, находится в стадии разоблачения. Отсюда «растут ноги рашагейт» и непритворная ярость демократов, страшащихся разоблачения. Все новые секретные документы становятся достоянием гласности. Президент Трамп своим указам разрешил новому Генеральному прокурору департамента юстиции рассекретить те документы, которые последний найдёт необходимыми для выяснения всех обстоятельств, связанных с расследованием комиссии Мюллера «рашагейт».

Естественно, демократы в Конгрессе и средства массовой информации обрушили шквал обвинений против решения президента Трампа. Еще вчера требующие допуска ко всем материалам «Рашагейт» демократы и пресса теперь выражали чрезвычайную озабоченность «непродуманным, глупым решением, могущим создать угрозу национальной безопасности».

Правление демократов в Белом доме способствовало распространению социалистических идей в школах, университетах, в голливудских фильмах, в средствах массовой информации. Демократия — правление большинства, неизбежно ведет к диктатуре.

Демократическая партия США уверенно становиться социалистической. Берни Сандерс, ярый социалист снова рвётся в президенты. На выборах 2016 года он боролся на равных с Хиллари Клинтон, но вынужден был ей уступить по решению DNC. Если что-то случится с поднятым из небытия Джо Байденом, Сандерс основной кандидат от Демократической партии на президентских выборах 2020.

"Гомо сапиенс"

Платон в своей книге «Государства» утверждал, что избыточная демократия неминуемо влечет за собою тиранию.

Римская республика закончилась властью цезарей. Города-государства имевшие выборные системы на высшие руководящие посты, рано или поздно, разъедаемые коррупцией и внутренними конфликтами, попадали под авторитарные режимы.

Великая французская революция, пролив реки крови, закончилась императорской властью Наполеона. Вновь Европа горела пожаром войны, и только стойкое сопротивление России остановило покорение континента, и союзники разгромили армию Наполеона под Ватерлоо.

Социал-демократическое движение в России уничтожило царское правление, оно радикализировалось марксистами в коммунистическое правление с «диктатурой пролетариата». Иосиф Сталин, сменивший умершего Владимира Ленина, повёл страну к построению коммунистического «рая».

Десятки миллионов жертв дичайшего тоталитарного режима строили ГУЛАГ во имя «светлого будущего свободного народа».

Сегодняшняя Россия, ничему не научившись, продолжает «свой социалистический путь».

После Первой мировой войны, вновь воспрянувшая Веймарская республика выплеснула на гребень Германской политики национал-социалистическую партию во главе с Адольфом Гитлером.

Никогда еще в своей истории человечество не переживало подобного ужаса уничтожения самой человеческой расы. Никакие страшные сны или фантазии пишущих в жанре «ужасов» не смогли бы сравниться с вурдалаками появившимися вдруг наяву.

Благими намерениям выложена дорога в ад. Благодушная социал-демократическая Европа мостит свою дорогу, наивно полагая, что именно пресловутая толерантность и либерализм есть залог светлого будущего. Сегодняшние улицы европейских городов, больше напоминают осажденные крепости, ворота которых распахнуты настежь теми, кто желает победы новым варварам.

Последним бастионом, пока еще выдерживающим осаду демократов-социалистов, пока держится за океаном США. Осаждающие даже не сомневались в столь желанной и хорошо обдуманной стратегии захвата рушащейся цели. Хиллари Клинтон должна была стать тем тараном, который пробьёт стену, возведенную отцами-основателями в 1776 году. Никто не сомневался в победе. Как выразился один из тех, кто готовил эту победу: «Шансы сто миллионов к 0». Приди к власти Хиллари Клинтон, Соединенные Штаты Америки, которые мы знаем, изменились бы навсегда.

Но произошло чудо. Победил Дональд Трамп. Только такой человек, как он, может выдержать вот уже 2,5 года постоянную атаку и поношение с высоких трибун и в прессе. Он стоит, как скала, и строит свою Америку, в которой родился и которую искренне любит.

God bless America and you, Mister President!

Шимон Гарбер

Содержание

Аннотация..5
Кто мы..9
Как все начиналось.......................................15
ГОМО САПИЕНС......................................19
Наши Предки... 23
Тотем..31
Религия...37
Первые цивилизации....................................41
Социальное общество Шумеров..................47
НОВАЯ РЕЛИГИЯ......................................49
ПЕРСЫ..59
Монотеизм..63
Восстание Маккавеев...................................65
Христианство..69
Ислам..85
Религия и её роль
в истории цивилизации................................87
Войны, завоевания и порабощения.............91
Открытие Америки.......................................97
Демократия...103
XX век...109
Социал-демократические движения в XX веке 111
Европа после Второй мировой войны...... 123
EU - Европейский Союз.............................125
США И РАДИКАЛЬНЫЕ ДЕМОКРАТЫ...129
Знакомьтесь: Хиллари Клинтон.................149
Политика встречается с идеологией......... 165
Новая-старая религия – Демократия........171

Благодарность

Спасибо всем, кто помог мне в работе над этой книгой.

При её написании использовались многочисленные источники, среди которых: Зигмунд Фрейд «Тотем и Табу» и "Человек Моисей". Тора; Пророки; Писания; Новый Завет. Чарльз Дарвин «Происхождение видов путем естественного отбора" и др.

А также материалы из социальных сетей, публицистика, СМИ, исторические и научно-исследовательские публикации и множество других, открытых к доступу источников.

Шимон Гарбер

Шимон Гарбер

"Гомо сапиенс"

www.ingramcontent.com/pod-product-compliance
Lightning Source LLC
Chambersburg PA
CBHW071912110526
44591CB00011B/1657